从裂变到嬗变

王忠禹

二〇一九年二月六日

大亚湾核电站

从裂变到嬗变

——中广核的卓越成长

中国企业管理科学基金会　编

企业管理出版社
ENTERPRISE MANAGEMENT PUBLISHING HOUSE

图书在版编目（CIP）数据

从裂变到嬗变：中广核的卓越成长 / 中国企业管理科学基金会编. —北京：企业管理出版社，2019.6

ISBN 978-7-5164-1956-4

Ⅰ. ①从… Ⅱ. ①中… Ⅲ. ①无污染能源－能源工业－工业企业管理－经验－中国 Ⅳ. ① F426.2

中国版本图书馆 CIP 数据核字（2019）第 090953 号

书　　名：从裂变到嬗变——中广核的卓越成长
作　　者：中国企业管理科学基金会
责任编辑：张　平　郑　亮　黄　爽
书　　号：ISBN 978-7-5164-1956-4
出版发行：企业管理出版社
地　　址：北京市海淀区紫竹院南路 17 号　　　邮编：100048
网　　址：http://www.emph.cn
电　　话：编辑部（010）68701638　发行部（010）68701816
电子信箱：qyglcbs@emph.cn
印　　刷：北京虎彩文化传播有限公司
经　　销：新华书店
规　　格：145 毫米 ×210 毫米　32 开本　8.5 印张　161 千字
版　　次：2019 年 6 月第 1 版　　2019 年 8 月第 2 次印刷
定　　价：68.00 元

序

从无到有，顺势裂变。40年前，在邓小平同志的决策下，倾全国之力，自法国引进全球最先进的成套核电站设备，同时引进西方生产管理体系和公司治理体系，中国大陆首个大型商用核电站石破天惊，应运而生。

斗转星移，通达嬗变。伴随着改革开放的进程，加快创新与转型，由国外交钥匙工程演化成拥有世界领先技术的核电与清洁能源行业佼佼者，中国广核集团（简称中广核）化茧成蝶，搏击苍穹。

因为工作关系，久闻中广核盛名，近几年有机会抵近观察这个全新的能源企业，留下了深刻印象。我力主能将我国核电和清洁能源产业走向世界的艰辛辉煌历程，通过中广核这个典型范例表现出来，让更多人加以了解。阅览《从裂变到嬗变——中广核的卓越成长》之后，我忍不住为其击节。本书从管理视角切入，掀开了核电产业神秘的面纱，描述了中广核人从上到下，凭着一股子韧劲，勇创世界一流的精神和坚守安全第一、质量第一的执着，一次把事情做好，迈向卓越企业之路。我们可以简要领略一下这段历程。

改革开放，如点石成金般在华夏大地激发出前所未有的发展活力，极大地调动了亿万人民的积极性，使我国成功实现了从高度集中的计划经济体制到充满活力的社会主义市场经济体制，从封闭半封闭到全方位开放的伟大历史转折。

时势造英雄，英雄造时势。40年来，中国企业始终站在时代的最前沿，不仅成为改革开放最直接的参与者、实践者，而且成为推动经济社会发展的重要力量。与此同时，在各行各业涌现出许多极具开拓创新，为实现国家现代化，振兴民族经济做出突出贡献的优秀企业。中广核就是我国清洁能源领域的优秀企业代表。

说起中广核，也许很多人并不十分熟悉，但提到“大亚湾”和“华龙一号”，其知名度和影响力已远播海内外。大亚湾作为我国大陆首座大型商用核电站，是我国改革开放在核电工程建设与运营的市场化实践中取得的奠基性成果，其率先探索创立的引进、消化现代西方先进技术与管理的模式，不仅在技术、装备、管理、资本、人才等方面，成功实现了“站在巨人肩膀上”的迈进，而且在高起点建设现代化大型工程上，起到了标杆示范作用。“华龙一号”作为我国具有自主知识产权的先进核电技术，将我国核电发展水平提升到崭新的高度，代表“中国创造”走向世界，进入发达国家市场，成为与高铁齐名的“国家名片”。

中广核取得的发展成就远不只有“大亚湾”和“华龙一号”。在40年的发展历程中，中广核始终坚持党的领导，立足实业报国，传承创业精神，践行“一次把事情做好”核心价值观，不断学习、创新实干，在“引进—消化—吸收—再创新”的道路上，一步一个脚印地砥砺奋进、开拓前行，从“零资本裂变”建成运营大亚湾、岭澳核电站，到红沿河、宁德、阳江、防城港、台山等一系列核电项目的开花结果；从最初的两台百万千瓦机组，到在运、在建核电机组28台，装机容量近3200万千瓦，跃居全球第三位；从最初全套引进国外核电技术，到携手兄弟单位共同研发出“华龙一号”并出口海外；从核电单一产业到全产业链核电与非核产业比翼齐飞的战略布局，中广核实现了从无到有、由小到大、由弱变强的跨越式发展，嬗变为具有国际竞争力的一流清洁能源集团，其留下的诸多令国人自豪的闪光足迹，足以载入中国改革开放和核电发展的史册。可以说，中广核用自身创造的辉煌业绩见证了中国改革开放40年取得的伟大成就，折射出改革开放在中华大地释放出的巨大能量。

《从裂变到嬗变——中广核的卓越成长》一书力图通过中广核的跨越式发展，展现其管理基础不断夯实与管理水平不断提高、产业结构持续优化与产业链更加有效协同、自主创新能力逐步提升与核心竞争能力逐渐增强的过程。发展能力越强大，发展能量就越充沛。从战略引导能力、集团管控能力、安全管理能力，到运营和工程等专业化管理能力，科技创新能力，人才培养能力，文化牵引能力，中广核的能力塑造积土成山、垒石成塔般地逐级而上，不断积淀，持续释放。

始于梦想，贵在实干；起于初心，贵在坚持。本书呈现给读者的还有中广核怀揣报国之志，坚持“发展清洁能源，造福人类社会”的使命追求，履行社会责任的奉献担当，在创业创新创优道路上的管理实践总结提炼。作为中国优秀企业代表和“袁宝华企业管理金奖”的获奖者企业，中广核通过自身管理实践，印证了袁宝华同志提出的“以我为主、博采众长、融合提炼、自成一家”的管理方针对企业所产生的深刻影响和指导意义，同时也为广大中国企业提供了诸多值得分享的管理方法和管理智慧。

中国企联常务副会长兼理事长

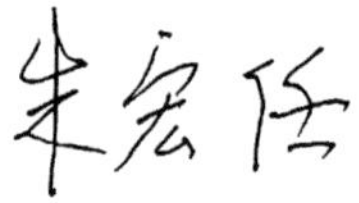

2019 年 2 月于北京

前 言

时序虽已变迁，星光依然璀璨。

当我们总结改革开放取得的伟大成就，深切感慨 40 年峥嵘岁月与沧桑巨变的时候，自然会把目光聚焦在那些勇立潮头、引领行业发展、为振兴民族产业做出巨大贡献的企业及其开拓者的身上。始创于改革开放初期、伴随改革开放和核电事业发展成长壮大起来的大型中央企业——中国广核集团（简称中广核），就是这样一家值得人们关注和潜心研究的成功案例。

1978 年，正当中国开启改革开放新纪元的历史时刻，我国宣布了一项对建设现代化大型工程项目具有里程碑意义的重大决定——全套巨资引进国际最先进核电技术，在深圳大亚湾建设我国大陆首个大型商用核电站，这一历史使命落在了中广核的肩上。40 年来，中广核不辱使命、不负重托、不畏艰难，从大亚湾迈出广东，走向全国，迈向世界，成为中国第一、全球第三大核电企业。

回望 40 年的奋斗历程，大亚湾成为孕育我国核电事业的摇篮，中广核则成为我国改革开放的先行者和探路者，成功走出了一条适合中国国情的“引进一消化一吸收一再创新”的高技术产业发展之路，为全球核电及清洁能源发展贡献了中国智慧。可以说，中广核的诞生、发展、崛起就是一部浓缩的中国改革开放史，一代代中广核人，用智慧、勇气和汗水，实现了三个重大跨越，书写了核电发展的壮丽篇章，树立了国有企业高质量发展的旗帜，向党和国家交出了一份满意答卷。

全方位开放，高起点起步，成功建成了大亚湾核电站，实现了我国百万千瓦核电机组“从无到有”的重大跨越。奠定了我国核电发展基石，树立了我国能源电力领域改革开放的成功典范。

改革开放之初，从哪里打开突破口，成为改革开放的关键。1978 年 12 月，邓小平同志决策，从法国引进两台百万千瓦核电机组，向世界宣告中国将在改革开放的最前沿——深圳，在国民经济基础的电力行业，在科技知识顶端的核能领域，投巨资建设大亚湾核电站，率先发出了中国改革开放的时代最强音。

时代呼唤着英雄，一时间来自五湖四海的有志之士，怀着满腔热忱汇聚到大亚湾核电站建设工地。作为改革开放起步的标志性项目，作为当时我国最大的中外合资项目，大亚湾核电站始终得到党中央、国务院的高度重视和大力支持。1984 年，小平同志在深圳视察时专门指示，要建设好大亚湾核电站。从厂址勘察开始，李鹏同志先后 17 次亲临大亚湾现场指导工作，倾注了大量心血。

大亚湾核电站建设起步阶段，当时国家外汇储备只有1.67亿美元，而项目总投资需要40亿美元。面对中央的殷切重托，面对创业的千难万险，面对前路的一无所知，董事长王全国带领全体党员干部宣誓，“站起来是一面旗帜，闯出来是一条道路”，这既是中广核在初创时坚持的信仰，更是今天中广核最真实的精神写照。一路走来，中广核充分发挥了党组织的领导核心和政治核心作用，始终坚持加强党的建设，鼓舞广大党员干部发挥先锋模范作用，为集团的改革发展提供了坚强有力的政治保证、组织保证，确保了中广核的可持续发展。

为解决资金难题和外汇缺口，在我国创造性实施“借贷建设、售电还钱、合资经营”的模式，打开了利用外资建设重大基础设施的新大门。1985年1月中广核与香港中华电力签署了合营合同，1987年8月大亚湾核电站正式开工，1994年5月全面建成投产，实现了我国大陆百万千瓦级大型商用核电站“零”的突破，圆满完成了国家赋予的任务。

通过建设大亚湾核电站，中广核形成了核电工程管理和生产运营队伍，解决了我国百万千瓦核电站设计、建造的“入门”问题，树立了我国核电发展的信心。在大亚湾核电站建设期间，中广核重金选派115名青年骨干到国外学习，这批“黄金人”承担起我国核电发展的种子队作用。在大亚湾核电站成功建成后，1994年9月29日，国务院决定成立中国广核集团，落实“以核养核，滚动发展”战略，从此开启了新征程。

成功走出一条“以我为主、博采众长、对接国际、融合创新”的产业发展道路，实现了我国核电从技术引进到“四个自主”、批量化建设的重大跨越。带动我国相关重大装备制造业快速提升，树立了我国高端技术产业追赶式发展的典范。

中华人民共和国成立之后，中国核工业在无比困难的环境之下，走出了一条自力更生、艰苦奋斗的道路，赢得了中国的大国地位。改革开放之际，和平与发展成为世界主流，我国的经济沿着两条主线齐头并进，一条是充分利用劳动力成本和资源比较优势的外向型经济模式，另一条是逐步占据产业链和价值链高端的技术型产业经济发展模式。

中广核作为后者的代表，走了一条与之前我国核工业发展截然不同的道路，大亚湾核电站从里到外、全盘引进国际最高水平建设，包括设计、设备、施工、调试、运行等技术和管理，都是全套引进。在这期间，中广核始终牢记“产业报国、技术报国”的初心，为我国发展资本密集型和技术密集型的大产业积累了宝贵经验，成功走出了一条战略性新兴产业的后发追赶之路。

大亚湾核电站建成后，中广核按照国家提出的“自主设计、自主制造、自主建设、自主运营”战略目标，通过岭澳核电站一期、二期工程建设，稳步推进自主化进程。2010 年 9 月，以岭澳核电站二期建成投产为标志，全面实现了百万千瓦级核电站的自主化发展，改进形成了百万千瓦级核电技术品牌 CPR1000，总体性能达到同类机组国际先进水平，取得历史性突破。同时，充分发挥核电项目的龙头带动作用，联合我国上百家核电产业链的上下游企业，成立了核电设备国产化联盟，将核电机组国产化比率从大亚湾的 1% 一步步提高到 86.7%，反应堆压力容器、蒸发器、主泵等核心关键主设备完全国产化，带动我国高端装备制造业水平大幅提升。

此后，红沿河、宁德、阳江、防城港等一批采用 CPR1000 型技术的核电站先后开工建设，形成了我国核电批量化、标准化、系列化建设格局。为了适应核电发展新形势，中广核成立了工程公司和设计公司，通过探索实施前后台运作，逐步形成了专业化的核电工程设计和建设模式，具备了批量化建设核电机组的能力，创造了同时在建 16 台机组的国内最高纪录，并且一台比一台建得好。阳江核电站 4 号机从开工建设到投产只用了 51.9 个月，创造了全球同类型机组最短建设工期的记录。

坚持创新发展，保持战略聚焦，实现了从单一核电企业向国际化综合清洁能源集团的重大跨越。重塑了全球核电发展新格局，构建了现代企业管理体系，树立了国有企业发展的成功典范。

国有企业在改革开放的大潮中砥砺前行，市场化发展、国际化发展、高质量发展的挑战接踵而来。中广核坚决落实国企改革和清洁能源发展战略，从小到大，从弱到强，稳步成长为国际一流清洁能源集团，充分体现了国有企业的实力、活力和创造力，彰显使命担当，展现时代风采。

坚定不移地做强、做优、做大主业，形成了四大产业板块加多个新业务的“4+X”产业协同发展格局。核电实现了批量化投产和高端稳定运行，在运核电22台，在建核电6台，在运在建装机近3200万千瓦，成为国内第一、全球第三大核电企业，其中台山核电站成为“EPR全球首堆”。顺应核电从单厂单堆到群厂群堆安全运营的新形势，实行标准化、专业化、集约化管理，充分发挥大亚湾核电基地“传帮带”作用，通过文化传承、技术传承，实现专业化能力快速复制，在成熟机组保持高端稳定的同时，实现了新机组投产即创优，创造了全球领先的安全运营业绩。准确地把握全球清洁能源发展大势，中广核从2008年开始布局进入风电、太阳能产业，推动新能源业务高速发展。目前，新能源在运装机约2700万千瓦，成长为中广核第二支柱产业，规模效益跻身国内行业前列。推动核技术应用、生物天然气、节能环保等新业务，打造可持续的产业发展梯队。打造了核电、核燃料、新能源、核技术应用四大上市平台，放大了国有资本功能，为进一步发展壮大创造了有利条件。

全力推进技术创新，成功研发了以“华龙一号”为代表的核电先进技术系列产品。面对全球核电技术升级迭代的迫切形势，中广核在30多年的经验积累基础上，从2010年起正式部署自主三代核电技术型号研发任务。短短5年时间（国际普遍8—10年），研发出了具有自主知识产权的三代核电技术 ACPR1000+，赶上了国际潮流。以此为基础，与中国核工业集团有限公司（以下简称中核集团）携手打造国之重器——自主三代“华龙一号”技术，成功打入英国市场，实现了我国核电从“引进来”到“走出去”的历史转折。同时，成功研发了核电站数字化仪控系统——“和睦系统”，在阳江核电站 5 号机组投产运行，实现了核电站“神经中枢”中国创造，使我国成为全球第四个掌握这一技术的国家。自主研发的海上移动电源，为我国海洋强国建设提供了强大动力。这些重大自主技术创新成果的诞生，进一步验证了中广核所走的“引消吸创”发展之路的理论科学性、实践可行性、成果突破性。

积极落实“走出去”战略，实现全球布局发展。从“十一五”开始，中广核就制定了清晰的国际化战略，坚定地推动实施。2016 年，中广核与法国电力集团签署了英国新建核电项目一揽子协议，“华龙一号”首次落地西方发达国家。加大天然铀资源保障力度，在哈萨克斯坦、澳大利亚、加拿大等富铀国家积极布局，2012 年与中非基金合作，收购了全球储量第三的纳米比亚湖山铀矿，大大提升了我国核电铀资源的保障水平，锁定的铀资源可以满足集团核电机组未来 30 年的燃料需求。2015 年收购马来西亚埃德拉公司，实现在“一带一路”沿线多个国家和地区的清洁能源产业布局。此外，通过项目并购、绿地开发，在欧洲拥有近百万千瓦的新能源装机。目前，中广核在运的海外电力装机近 1000 万千瓦，国际化水平位居电力央企前列。

主动与国际一流企业进行管理对接，率先建立了现代企业管理体系。从大亚湾核电站建设开始，中广核立足国情，系统学习借鉴香港中华电力、法国电力公司等国内、国际知名企业的管理经验，构建了以公司治理为基础、以战略为引领、以安全为核心、以创新为动力、以专业化为支撑、以文化为导向的规范高效的管理体系。坚持推进“精益化管理、专业化经营、国际化发展、市场化运作”，稳增长、调结构、促改革、谋发展、抓创新、育人才、强党建，为创造卓越绩效、缔造竞争优势、实现可持续发展，奠定了坚实的管理基础。

经过长期稳健、高效的发展，截至 2018 年年底，中广核资产总额 6688 亿元，员工 4.3 万人，在运清洁能源控股装机容量约 5127 万千瓦。2010 年以来，企业年均利润增幅均超过两位数，最大限度地实现了国有资产保值增值，经营业绩始终位居央企前列；在国务院国资委对中央企业的考核中，连续两个任期获得“业绩优秀企业奖”。国务院国资委授予中广核为落实董事会职权试点、国有资本投资公司试点，以及创建世界一流示范企业；贺禹董事长荣获中国企业管理领域的最高奖项——“袁宝华企业管理金奖”。

中广核在长期的发展实践中，始终坚持党的领导，沿着正确的方向不断前进；始终坚持超前谋划、顺势而为，站在改革开放的最前沿，紧抓清洁能源发展的战略机遇，牢牢把握了企业发展主动权。同时，中广核在实践中形成了独具特色的管理体系，概括起来主要有以下五个方面。

坚持安全发展

安全是核电的生命线，中广核作为我国核电发展的主力军，始终将确保核安全作为企业的政治责任和社会责任。始终坚持“安全第一、质量第一、追求卓越”，将核安全置于压倒一切的优先地位，践行“一次把事情做好”的核心价值观，切实做到了让国家放心，让公众信任。

坚持创新发展

创新是引领发展的第一动力，中广核始终坚持创新驱动发展战略，同步推进管理和技术创新。针对核电批量化建设运营的挑战，在国内首创核电工程 AE 管理模式以及“标准化、专业化、集约化”的运营管理模式。高度重视核心关键技术研发，从全盘引进发展为向发达国家出口核电的科技强企。

坚持国际化发展

在全球清洁能源行业加速发展的新时代，中广核大力贯彻国家“走出去”战略和“一带一路”倡议，坚持“稳扎稳打、锲而不舍、相机抉择”，推动核电及清洁能源业务进军国际市场，带动我国高端装备产业走出去。

坚持市场化发展

中广核诞生之日起就拥有市场化基因，走市场化的道路。实行规范的公司治理与董事会运作，按照发展阶段不同，业务特点不同，因地制宜地推动“三项制度改革”，最大限度地激发全体干部员工干事创业的活力。

坚持人才强企

企业发展、人才先行，中广核精心打造了一支结构合理、素质优良、技术过硬、能打胜仗的人才队伍。在满足自身发展的同时，为我国核电行业输送了大量的高素质紧缺人才。

展望未来，作为我国以核电为主的清洁能源发展主力军，中广核将继续肩负“发展清洁能源、造福人类社会”的使命，以打造“具有全球竞争力的世界一流清洁能源集团”为目标，坚定不移地推动高质量发展，在建设“美丽中国”中发挥更大作用。

只有恢宏的事业才能配得上伟大的时代。在党的十九大描绘的蓝图下，中广核正以时不我待的精神，以习近平新时代中国特色社会主义思想为指导，坚持改革创新，推进高质量发展，瞄准世界一流企业、全球清洁低碳能源领导者的战略目标，整理行装再出发。

为全面、系统地总结中广核创业发展与创新崛起的成功经验，本书在回顾中广核 40 年发展历程的基础上，从战略引领、安全管理、科技创新、集团管理、运营管理、工程管理、人才培养、企业文化和承担社会责任九个方面，全视角、多维度、系统性地阐释了中广核在长期发展实践中积累的管理理念、经验、方法。希望本书能够为丰富中国企业科学管理理论与实践提供学习借鉴的鲜活范本，为推动中国企业实现新时代的高质量发展贡献实战经验与智慧。

目 录

第一章

战略引领　谋远图强

战略是企业发展的头等大事，战略大师明茨伯格认为：战略形成是调试发展的过程。因此，只有以改变自身来适应外部环境变化，才能真正成长起来。40 年来，中广核谋长远、图自强，及时把握战略机遇，不断强化战略管理，确保企业始终掌握发展主动权。

在创业阶段，肩负国家重托，以大亚湾为起点，积极探索“引进—消化—吸收—再创新”的发展道路，通过实施自主化、国产化战略，筑牢我国核电发展的基石。

在快速发展阶段，按照国家积极发展核电、深化能源结构调整的要求，紧跟国内外能源产业发展趋势，提出“清洁能源供应商和服务商”战略定位，在推进核电规模化、批量化发展的同时，加快可再生能源产业布局，通过实施自主化、专业化、市场化、国际化的发展战略，逐步形成了以核电为主、相关多元的产业布局。

进入新的发展时期，按照高质量发展要求，通过实施创新驱动战略，形成了以“华龙一号”、和睦系统等核心技术和产品为支撑的产业竞争优势，在完善核电、新能源、核燃料、非动力核技术应用等产业发展格局的基础上，加快国际化步伐，努力向着世界一流清洁能源集团的目标迈进。

中广核的业务、组织、领军者几经变迁调整，发展目标不断演进，但使命始终如一，战略资源掌控及实施能力持续提升。如果用一句话概况中广核战略的内涵，那就是“有梦想、走对路、能坚持”。

1. 坚守国家战略使命

企业发展的起点也是企业战略的起点。中广核的诞生，源于国家发展核电的重大战略部署。以国家利益为重，不断推动我国核电由小到大，由弱到强，直至卓越，既是中广核的“初心”，也是其 40 年来孜孜不倦前进的“原动力”。一路走来，无论中广核的事业如何扩张，都始终保持对核电的坚守。

高起点起步，建设大亚湾核电站

滚滚春潮，波澜壮阔，1978 年 12 月 18 日，中共中央十一届三中全会胜利召开，党中央决定“把全党的工作重点转移到社会主义现代化建设上来”，这是中国历史上具有深远意义的伟大转折。中国要发展，就必须打开国门、走向世界，引进全球先进技术。

核电作为一种清洁、低碳、高效的能源，20 世纪 70 至 80 年代，在发达国家中得到蓬勃发展。不仅在美国、法国、英国等欧美国家，就是在日本、韩国等亚洲国家甚至我国台湾地区都拥有了核电站。客观上，在和平利用原子能的国际竞技场上，许多国家远远走在我们的前面。

1978 年 2 月，以水电部为主组成中国原子能电站技术考察团，在对法国核电站的科研、制造、施工、运行等方面考察后提出：为了加快我国自力更生发展核电的步伐，从法国引进 90 万千瓦核电机组作为样机，并引进必要的制造技术，是可行的，也是适宜的。

1978 年 12 月 4 日，邓小平在会见法国外贸部长弗朗索瓦一行后宣布，中国决定向法国购买两座核电站设备。高起点起步，加快我国核电发展的重大战略部署就此形成。但是，前进的道路少不了曲折，还需解决核电站的选址、建设的启动时间点、巨额投资预算支出等关键问题。

当时，广东省能源短缺，电力紧张，工厂常常每周开四停三，缺电成为广东发展的瓶颈。因此，广东省作为改革开放的最前沿，主动请缨，力争中央在广东建设核电站。至此，中国大陆第一座大型商用核电站筹备工作正式启动，中广核事业从此踏上了征程。高起点建设大亚湾核电站拉开序幕。

1982年12月13日，国务院常务会议第四次讨论广东核电站问题，我国核电事业起步的战鼓终于擂响。同时，会议决定调彭士禄任水电部副部长，主持广东核电站建设指挥部工作。彭士禄是我国第一代核潜艇总设计师，他1983年3月到广东开始组建队伍，选定厂址，开展“四通一平”前期工程，广东核电站建设从此拉开了帷幕。

为了进一步加强国家对核电建设的领导，1983年9月3日，国务院成立核电领导小组，国务院时任副总理李鹏兼任组长。在各方的积极推动下，1987年8月7日，大亚湾核电站正式开工建设。1994年2月1日，历时7年，大亚湾核电站成功商运，实现了我国百万千瓦级大型商用核电站“零”的突破，走好了我国核电“引进—消化—吸收—再创新”发展之路的第一步。

大亚湾核电站不仅解决了广东的电力供应、能源多样化和经济效益的问题，更重要的是引进了国际先进技术，创新了投资建设模式，培养了一流技术人才。尤其是，重金选派115名优秀的年轻骨干到欧洲向最好的老师学习，为中广核和我国核电事业长远发展培养了宝贵的人才。大亚湾核电站推动我国核能和平利用事业踏上发展轨道，奠定了我国核电事业后发追赶、跨越式发展的根基。

引进国际先进技术，没有钱怎么办

在改革开放之初，我国建设资金十分紧张。当时，购买两台百万千瓦核电机组至少要30亿美元，而1978年，我国全部外汇储备只有区区1.67亿美元，依靠国家投资完全不现实。如果不能创新投融资机制，一切都将是空谈。

作为改革开放的“前沿阵地”，各方努力探索，开创性地提出了“借贷建设、售电还钱、合资经营”的思路。在当时的国情下，这一方案可谓石破天惊，让所有人看到了在广东省率先建设核电站的曙光。

大亚湾核电站的资本金仅为总投资的10%，借贷比例高达90%，而且占资本金75%的中方资本金也是贷款，这在20世纪80年代初期的中国可谓壮举。大亚湾核电站通过与香港中华电力公司合营，进入香港电力市场，借贷建设、售电还贷，从而解决了严重困扰我国核电起步的资金和外汇问题。有人把这一思路用通俗的语言来表达，叫作“借钱买鸡，养鸡生蛋，卖蛋还钱”。正是中央改革开放的正确方针和国家政策的有力支持，使大亚湾核电站得以成功实现了“零资本裂变”。

自主品牌支撑我国核电规模化发展

大亚湾核电站于1994年全面投产，国务院同年决定组建中国广东核电集团，2013年更名为中国广核集团。中广核作为中央大型企业工委管辖的第 56 个试点企业集团，实行计划单列，按照“以核养核、滚动发展”方针进一步发展核电。

面对国家赋予的新的历史重任，中广核在完成“引进”任务的基础上，开始了“消化—吸收—再创新”的新征程，1997 年正式启动建设岭澳核电站。以大亚湾核电引进的 M310 技术为基础，岭澳一期进行了 37 项重大技术改进。2003 年岭澳核电站一期投运，实现了我国核电发展从项目引进到技术引进，从技术空白到消化吸收的重大突破，夯实了再创新的基础。

2004 年，国家确定了“积极发展核电”的方针，进一步推动能源结构调整、减缓电力供需矛盾，我国核电发展迎来历史性的机遇。岭澳二期 2005 年正式开工，采取在岭澳一期基础上的“翻版加改进”技术方案，再进行 16 项重大技术改进和 40 余项其他技术改进。从岭澳二期开始，中广核通过渐进式改进和标准化设计，稳步形成我国首个二代改进型整体技术方案 CPR1000 品牌，全力推进核电国产化和自主化发展。

岭澳二期，我国核电开始批量化建设

从岭澳一期建设开始，中广核就志存高远，要求工程质量“一台比一台更好”。岭澳二期建设中，中广核再接再厉，发挥产业链主导作用，与国内50余家核电设备制造骨干企业建立长期战略合作关系，成立了核电设备国产化联合研发中心，建立以我为主、国际接轨的核电设备供应体系，推动岭澳二期设备国产化率达到64%。

围绕核电工程建设，进一步建立了覆盖核电设备制造专业领域及分布区域的设备监理组织，培养了一批核电工程建设生力军，促进了核电土建、安装市场的良性发展，为后续核电项目建设培养、输送了2000多名专业技术人才。

通过岭澳核电工程建设，中广核带动形成了我国完整的核电工业体系，形成百万千瓦级核电站设计自主化和设备制造国产化能力，为掌握并自主研发第三代压水堆核电技术打下了坚实的基础，我国从核电大国向核电强国转变的目标越来越清晰，越来越接近。

2011年8月，岭澳二期全面投入商业运行，综合技术、安全、经济指标均达到或优于国际同类核电站的先进水平。岭澳二期成功建设后，CPR1000技术快速推广应用到国内28台核电机组的建设上，实现了标准化、系列化、批量化建设。不仅有力支撑了“十一五”时期我国核电的快速规模化发展，而且带动国内核工业产业链实现了质的飞跃，形成了年产8～10台（套）核电主设备的能力，机组国产化比率也从大亚湾核电时的不到1%逐步提高到阳江4号机组的85%。岭澳二期的成功建设，标志着我国全面实现了百万千瓦级核电的自主设计、自主制造、自主建设、自主运营，推动我国核电走上规模化、标准化、批量化发展之路。

华龙一号内外并举，迈向国际市场

如果说，中广核是以十倍的努力完成了“引进—消化—吸收”，建立了我国核电产业的主体，接下来更是以百倍的努力推进“再创新”。

日本福岛事故前，我国两大核电集团——中广核和中核集团利用我国近30年来积累的核电站设计、建设、运营经验和技术、人才优势，分别着手开发自主三代核电技术ACPR1000⁺和ACP1000。福岛事故后，两集团又吸收了事故经验反馈，对设计进行了进一步改进。

在国家主导下，2013年中广核和中核集团就自主三代核电技术融合达成一致，双方在ACPR1000⁺和ACP1000基础上，联合开发三代百万千瓦级压水堆技术——“华龙一号”，实现能动与非能动安全技术相结合，体现更先进的安全理念。

技术方案于2014年8月正式通过国家评审，各项技术指标全面达到全球最新安全要求。同时，国内成熟的工业基础、工程优势和运营经验也得到了充分利用和持续提升，首台套国产化率即可达到90%，经济性上具备国际竞争力，我国核电技术迈进国际先进行列。“华龙一号”国内示范项目——广西防城港项目、福建福清项目建设进展顺利，广东惠州和福建漳州等第二批华龙项目已获国务院核准开工建设。

“华龙一号”的成功研发和示范工程建设为中国核电打开了“走出去”的大门。在中、英、法三国的支持下，2016年9月中广核与法国电力公司正式签署了英国新建核电项目一揽子合作协议，在英国建设“华龙一号”核电项目。目前，英国正在对“华龙一号”进行通用设计审查（GDA），项目投资建设审批流程、厂址特性研究等工作也在积极推进，计划2025年左右开工建设。

在英国项目的示范效应下，捷克、波兰以及东南亚多个国家有意愿采用华龙技术在本国建设核电站。“华龙一号”成为继高铁后，我国“走出去”战略的又一张名片，中广核也由此实现了从“引进来”到“走出去”的历史性转折，在推动我国建设核电强国的道路上迈出了坚实的一大步。

2. 坚持清洁能源发展定位

核电具有绿色、低碳、清洁等天然属性，经过多年的核电建设，绿色发展的理念已经深深地渗入了中广核，激发起中广核对企业发展战略的深层思考。

进入21世纪，中广核深刻洞察全球核电发展、气候变化、绿色低碳发展以及能源结构调整的大趋势，积极响应国家发展清洁能源的结构转型要求，果断提出“打造国际一流清洁能源集团”的战略目标，实现了企业战略的扩容和提升，推动事业发展进入新阶段。

建立铀资源保障体系

没有核燃料的充足供应，核电发展就是“无米之炊”，如何保证天然铀资源供应成为我国核电发展的关键。

从 2000 年开始，在全球核电加快复苏的强烈预期下，国际天然铀价格进入快速上升期。面对我国核电快速发展的形势，国家提出要充分利用国内、国外两个市场，提高铀资源保障程度。

中广核作为我国核电发展的排头兵，既是国内最大的核电企业，也是国内最大的核燃料用户，落实天然铀保障的重任责无旁贷。2006 年，中广核铀业公司成立，负责海外铀资源贸易与资源开发，2008 年获得国家核燃料进出口专营资质。

铀业公司成立以来，按照“以点带面、梯次开发”的推进策略，积极在哈萨克斯坦、乌兹别克斯坦、加拿大、澳大利亚、纳米比亚等海外富铀地区进行布局，通过资产并购、股权投资、合作开发、贸易合同等多种方式锁定铀资源，已掌握的资源量可以满足中广核核电机组运行 30 年的燃料需求。

在各方积极支持下，中广核通过对全球第三大铀矿纳米比亚湖山矿的收购和矿山建设，一举成为全球知名的铀资源生产商，有效平抑了国际铀价。该项目于2013年4月开工建设，2016年12月圆满完成矿建，2017年10月首批铀产品运回国内。

"走出去"开发纳米比亚湖山铀矿

2012年4月，中广核联合中非发展基金组成了中方联合体，成功收购了纳米比亚的罗辛南铀矿，后改名为湖山铀矿。湖山铀矿是世界第三大单体铀矿，资源储量约为29万吨天然铀，也是我国在海外控股收购的唯一大型铀矿。

迄今为止，湖山铀矿也是我国在非洲最大的单体实业投资，项目总投资超过40亿美元，达产后年产八氧化三铀6500吨，产能全球领先，中广核铀业公司也因此成为全球第五大天然铀生产商。

作为中非合作标志性工程，中广核积极响应国家号召，打造项目建设与非洲经济、社会、环境和文化发展的"命运共同体"，致力于实现中非合作共赢。湖山项目达产后，可使纳米比亚国内生产总值增加约10%，出口额增长约20%，为当地提供2000个永久就业岗位，连带提供就业岗位数万个，获得纳中两国的高度肯定，成为中非合作、"一带一路"建设的典范。

无限“风光”不容错过

对于中广核，如果说从核电进入核燃料顺理成章，那么在2003年开始探索进入风电、太阳能发电等非核清洁能源领域，则是经历了一番曲折。

与高技术、重投资、高门槛的核电相比，投资风电、太阳能等新能源，意味着中广核要进入一个全新的、陌生的领域，一开始内部对此争议较多。在经过多次激烈、深入、开放的内部研讨后，取得了共识，打开了新能源产业发展的大门。

中广核认为，应对气候变化已经成为全球共识，绿色低碳发展将是大势所趋，可再生能源代表了能源未来的发展方向，能源电力行业将逐步过渡到以可再生能源发电为主的阶段。只要抓住了新能源开发的机遇，就能形成核电、新能源双轮驱动的战略支撑，推动企业发展的战略空间和战略高度再上新台阶。

2003年，中广核能源开发有限责任公司成立，专门从事水电、风电等非核能源的开发建设，进入了战略探索期。2005年，《可再生能源法》正式出台，标志着可再生能源作为保障能源安全供应、优化能源供应结构的重要选项，正式上升为国家战略。中广核也随即采取了专业化模式，于2006年7月和2009年8月，先后成立了风电公司和太阳能公司，可再生能源业务进入了战略成长期。

截至2018年年底，中广核在全球的非核清洁能源在运装机达到 2700 万千瓦，占集团总装机容量的一半以上，成为仅次于核电的第二大支柱产业。在核电、新能源同步发展的支撑下，中广核成为我国第二大清洁能源集团。

坚持专业化、规模化

面对新能源发展的蓝海，中广核按照专业化的发展思路，实现了“快速上规模、持续提能力”的战略目标，很快进入了行业第一梯队。

当时设立的中广核风电公司，是国内最早一批从事风电开发建设的专业化平台公司，次年风电装机容量就突破 100 万千瓦。太阳能公司成立当年就中标了全国第 1 一个光伏发电特许权项目——甘肃敦煌 10MW 光伏发电项目。截至 2018 年年底，新能源国内装机规模超过 1730 万千瓦，排名前五，经济效益显著。

2014 年成立欧洲能源公司，2015 年又并购了马来西亚埃德拉公司，将新能源业务的版图拓展到欧洲、东南亚、非洲、南美等地区。截至 2018 年年底，海外在运新能源装机达到 962 万千瓦（包括风电、太阳能和气电装机）。

金融助推实体产业发展

伴随着核电、核燃料、新能源等主业的发展，中广核的金融业务也逐步成型，从单一内部银行服务，扩展到产融结合，提供综合金融服务。

早在1997年，中广核就成立了大亚湾核电财务公司，解决企业融资、资金管理等方面的需求。此后，围绕集团业务发展，依托财务公司打造了四大专业金融服务平台，即资金集中管理平台、外汇风险管理平台、信贷融资服务平台和投资银行服务平台。2008年成立了中广核产业投资基金管理公司，开展基金募集，多方扩大融资渠道，支持核电、新能源等主业的发展。

到2015年，中广核的金融业务已经积累了丰富的经验，形成了一定的规模，拥有一批专业队伍。在此基础上，集团顺势设立中广核资本控股有限公司，全面整合金融业务及资产，成为集团金融服务业务发展的平台，定位为产业发展的助推器和稳定器，产融结合进入了新阶段。

目前，中广核按照中央企业突出主业、聚焦和推动实体经济发展的要求，坚持“产融结合、以融促产”的金融业务发展思路，稳步进入产业基金、融资租赁、保险、银行等多个领域业务，助力核电、核燃料、新能源等主业发展，推进新业务孵化和培育。

深耕绿色环保产业

时刻保持创新活力和危机感，是企业在竞争中生存发展的基础。多年来，中广核始终保持开放的心态，紧盯行业技术进步和社会需求变迁，积极拥抱新技术、培育新业务，企业的未来始终充满了希望。

党的十八大以来，中广核结合自身战略定位和既有优势，深入贯彻落实生态文明建设的新理念、新思想、新战略，相继进入了非动力核技术应用、危废治理、水务环保、生物天然气等业务领域，全力助推“美丽中国”建设。

在非动力核技术应用领域，围绕“更健康、更安全、更美丽”的发展目标，通过发展混合所有制经济，与产业链上优质民营企业合作，快速形成了电子加速器制造、辐照加工服务、先进高分子材料生产三大核心业务，积极拓展核医学、核仪器装备制造等新业务。2017 年成功登陆 A 股市场，成为国内核技术应用的龙头企业。

在环保领域，自主研发的等离子体固体废物处置技术，与清华大学联合研发的电子束处理有机废水技术，成为环境治理“利器”，受到地方政府的欢迎，示范项目均已经开工建设。

在生物天然气领域，建成了国内首个大型商业化示范项目——新疆呼图壁项目，以及亚洲最大的生物天然气项目——河北衡水项目，受农业部委托运营陕西省延川市梁家河生物沼气示范项目，打响了行业品牌。

今天的中广核，已经形成“以核为主、有限相关多元”的战略布局，紧密围绕清洁电力和清洁环保产业价值链拓展，形成了核电、核燃料、新能源、金融四大产业板块与新业务协同发展的“4 + X”产业布局，为“十四五”及中长期发展奠定坚实的产业基础。

3. 保持定力　有所不为

对于任何一个企业而言，从战略层面讲，哪些事能做、哪些事不能做，考验的是决策层的战略智慧。但要把战略部署坚持下去，不轻易改变，考验的则是决策层的战略定力。

“可为”与“不可为”的清晰标准

在中广核，投资任何业务都必须经过战略筛选，并有一套导向清晰、明确的标准，这套标准体系主要包括以下六个方面。

第一，符合国家战略方向，属于国家重点扶持、鼓励发展或政策允许的行业和领域。集团目前已经进入的业务，都属于战略性新兴产业的范畴，符合国有资本布局结构优化调整的方向。按照这一标准，国家明确去产能的钢铁、煤炭等领域显然都属于禁入的范畴。

第二，符合集团战略定位，即清洁能源提供商和服务商的定位。按照这一标准，高污染、高能耗业务都属于禁入领域，无论效益多大，规模多大，坚决不予考虑。

第三，具有较高的技术含量和附加值，属于产业价值链中的中高端环节，进入门槛高、不易被模仿。进入核电站核级数字化仪控系统研发设计制造领域，就属于这一类。而一般的建筑安装施工、设备制造等就属于禁止类。

第四，具有广阔发展前景，有希望、有潜力发展成为集团新的支柱产业。根据美国、日本等发达国家的经验来看，目前蓬勃发展的非动力核技术应用产业就是一个拥有万亿规模市场潜力的新兴产业。

第五，与存量业务有较强关联性，能够共享集团已有的市场、客户、核心技术、人才等资源，有利于发挥全集团的协同效应。核燃料与核电业务有明显的协同效应，新能源一定程度上也可以与核电共享市场资源。

第六，拥有核心技术或者人才或者独特的商业模式，具备显著竞争优势，有希望在短期内做到行业“数一数二”。中广核对每一个新业务都设定了三年的孵化期，期内弱化对企业短期经营效益的考核，适当降低投资回报率，重点关注市场占有率和核心能力建设。三年孵化期结束后进行考核评估，要么继续发展，否则坚决退出。

守住“不为”的定力

按照上述标准，中广核制定了业务负面清单，列入负面清单的业务坚决不做，包括以煤、石油为主要原料的发电、供能，无技术转化和利用优势、附加值低的装备制造业务，无助于核心能力提升或资源掌控的一般建安施工业务等。

2005 年后，我国核电进入快速规模化发展阶段，新开工机组越来越多，核电装备制造需求旺盛，产能供需不平衡加剧。如何锁定稀缺的产能资源，确保不因设备供货延误项目工期质量，成为摆在各大核电企业面前的难题。

这时，中广核内部出现了不同声音，要不要参股核电主设备制造厂商，确保优先满足集团需求？经过激烈研讨，最终认为，尽管从产业链供应的角度看，设备制造与核电主业有协同效应，但是设备制造与项目投资属于完全不同的领域，技术门槛高，中广核并不具备设备制造的核心能力。并且，设备制造行业受核电发展节奏的影响大，效益波动大，从集团经营角度看，难以与核电投资业务形成逆周期互补。

从全球核电产业分工来看，绝大多数国家的核电项目投资企业（即业主）与设备制造厂商都是分开设立的。最终，中广核选择不进入核电设备制造领域，而是通过批量采购、打捆招标等方式，优先锁定设备制造资源。对于关键大型设备，则提前数年与设备商签署长周期设备供货意向合同。同时，主动牵头成立设备国产化联盟，深度参与和指导核电主设备国产化，加强对设备制造资源的了解和掌握。

与核电类似，在 2006—2009 年间，风电和光伏发电也遇到过类似抉择。当时，国内新能源迅猛发展，但是风机和光伏组件的国产化刚刚起步，产能严重不足，市场上出现了 1 瓦难求的局面。要不要进入风电、太阳能上游设备制造领域的争议之声再次响起，中广核认为风机和光伏组件制造的主要参与者是民营企业，竞争激励，产能周期短，一年左右就能上马一条生产线，行业很快将会出现供求逆转，由此研究后选择不进入。

此后不久，国内的光伏制造产能出现了大面积过剩，进入了残酷的成本竞争阶段，包括行业龙头在内的一批明星企业陷入了困境，激烈的市场竞争一直延续至今。

抵制煤电开发的巨大诱惑

2010 年前后，中广核响应国家推进西部大开发和央企对口支援新疆的战略部署，成立了新疆分公司，统筹在新疆的业务发展。

新疆煤炭资源得天独厚，约占全国总储量的 40%，地方鼓励各中央企业投资开发煤炭和煤电等大型项目。2012 年，中广核在新疆哈密获得了投资 2 台 100 万千瓦煤电一体化项目的机会，集团内部围绕“要不要干煤电”产生了争议。

支持者认为，进入煤电领域能够使集团快速做大做强，进一步优化集团资产结构，同时满足集团投资回报标准，是个好项目，应该干。反对者认为，进入煤电涉及战略定位的重新调整，集团通过多年努力树立起来的低碳品牌形象将受到影响，坚持多年的负面清单管理机制也失去意义，会为长远发展起到反面的示范作用。

通过综合权衡，中广核最终选择放弃该项目。虽然失去了一个看上去不错的项目，但保住了清洁能源企业的金字招牌，也回避了此后煤电调控的投资风险，更加坚定了发展清洁能源的决心。

4. 开发与并购双轮驱动

大型企业集团的成长，自主开发、并购扩张两者不可或缺，前者有助于打造企业的核心能力，后者有助于快速扩大市场规模，两者相辅相成。

从中广核的实践看，核电、风电、太阳能等业务早期都是以自主开发为主。到 2005 年左右，中广核具备了相当的规模和实力，开始从单一内生式增长方式过渡到内生与外延并重的方式。

市场开发，搭建三层体系

对电力项目的自主开发而言，寻找市场、明确厂址是第一步。其中，核电厂址资源尤为宝贵，其战略意义和资源稀缺性不言而喻，如果没有超前谋划和储备，就找不到立足之地。

国家 2003 年在全国范围内复核核电厂址时，中广核借机立足广东，面向全国开发储备优质核电厂址。为了在白热化的竞争中获得厂址，中广核搭建了分工明确、上下联动、协同配合的三层次项目开发组织体系。

集团层面成立投资发展部，作为牵头部门主导核电新厂址开发，主要负责项目选址、预可研、可研、项目申报和核准等工作的组织实施，对口国家相关部委。

下属的中广核工程公司层面成立了新项目开发部，与投资发展部一体化运作，负责从专业技术角度配合项目核准前的论证；在重要区域市场成立办事处或者筹建办，负责省、市一级地方政府关系的维护。

核电项目公司在项目核准前，配合集团投资发展部，负责项目现场的前期准备和执照申请，开展公众沟通和项目社会稳定性风险评估等工作，项目核准后作为责任主体负责推进后续项目建设和运营。

得益于这套高效的项目开发组织体系，中广核在2003—2005 年间，迅速在全国 10 多个省、市开发储备了30 多个核电厂址，足以支撑 2020 年前集团核电业务发展的需要，厂址储备的数量和质量也始终保持国内领先，为中广核迈出广东、走向全国打下了坚实的基础。

近年来，中广核在项目开发中紧扣绿色发展的主题，其中广东惠州核电项目主打生态核电，浙江苍南项目主打绿能小镇，推动项目建设、生态环保、区域经济等共同发展，得到了社会的充分认可。

随着业务布局向新能源、核技术应用、环保等产业延伸，中广核依托核电项目开发组织体系，建立了大市场开发协同机制。梳理整合各类业务的市场开发诉求，对内分享相关信息和资源，对外确保集团一个出口，为客户提供一揽子解决方案，极大地提高了公关效率，降低了开发成本。

资产并购，聚焦三个关键

综观国内外并购实践，风险管控、资金保障与后期整合始终是关键。这些工作不到位，就会影响企业的并购发展，甚至会给企业带来巨大的损失，因并购导致破产的案例也不少见。

中广核在项目并购前，力求暴露并锁定所有风险，聚焦出售的原因、标的物属性、并购价格判断、并购的方式等关键因素，做到彻底搞清弄懂。

首先，并购标的出售的真正原因是什么？卖方是为了优化股权结构，还是市场饱和或技术落后；公司债务负担过重、资金短缺，还是财务投资者已实现投资预期等。除了尽职调查以外，还广泛收集政府、驻外使领馆、境内外同行业及标的公司竞争对手等多方信息，确保掌握标的出售的真实原因。

其次，并购标的物到底是什么？存量有形资产，还是管理团队；核心技术、政府关系资源，还是发展潜力、未来市场份额？必须以集团战略为导向，要求并购的标的具备一定的增量战略价值，并且与自身核心能力相匹配，尤其强调对管理团队、核心技术、知识产权、能力等无形资产做好评估。

再次，并购标的是否物有所值？除了对经营状况、经济状况、竞争实力、劳资政策等一系列常规因素评估外，境外项目还重点评估汇率波动、货币管制、法律法规等因素，体现为并购标的模型假设和最终估值，降低溢价和减少不确定性。

最后，并购的方式如何？这涉及交易结构设计、资产并购与股权并购、现金支付与股权互换、境外并购的离岸、境内以及境外 SPV 等多项考虑。必须将企业的法律组织形式、内控方式、董事会席位及表决机制、融资结构、风险分配和控制、退出机制的因素统筹考虑，力求平衡各方风险和收益。

中广核自 2010 年以来实施多起重大并购，并购金额高达数百亿元，资金保障方面积累了丰富的经验。财务团队在项目并购前期介入，建立协作分工机制，统筹融资结构、融资币种、税务安排、外汇管理等设计整体方案。融资方面，不仅针对项目交割整体安排，通过短期搭桥融资等方式保障交割资金安全，而且提前启动长期融资谈判，拓展当地融资资源，实现融资期限与项目长期现金流匹配。外汇方面，选择合适的融资主体、币种和记账本位币设置，实现投融资的币种匹配，进行外汇风险自然对冲。针对部分投资项目所在国家的外汇管制问题，则以全球性货币换汇进行交割，设计匹配的融资策略，保障交割资金，并做好并购后的外汇风险管理工作。

并购整合评价模型

并购后的整合在实践中至关重要，70％的并购案例都是因为整合不成功导致无法达到并购目的。为此，中广核建立了系统整合成熟度评价指标体系，保证并购整合成功。

战略整合：作为先导工作，将被并购企业纳入集团整体发展战略，从而获得在战略上的协同效应。包括战略决策组织的一体化以及各个子系统战略目标、手段和步骤的一体化等，并适应性调整被并购企业的发展战略和定位。

组织整合：根据外部环境和内部情况的变化，及时地调整、改变或重建并购后企业的组织指挥系统。实现并购双方最佳的协同效应，包括调整公司治理机制、统一授权体系、整合人力资源和组织机构等活动。

管理体系整合：通过学习和改造，将管理理念、制度等管理资源在并购企业进行更有效的配置，包括价值链整合、制度体系整合和信息化整合等。既有中广核主导的单向移植，也有双方共同重塑以及优势互补的情况。

财务资产整合：财务整合强调财务管理的方式统一，健全财务运作体系，实现对被并购方的有效管理。资产整合强调以并购方为主体，对双方企业（主要是目标企业）范围内的资产进行鉴别、吸纳、分拆、剥离、流动和新的配置。

产品整合：通过对并购企业的产品结构整合、生产经营单位整合以及技术和品牌的整合，实现优化生产布局、降低生产成本等目标，从集团整体的角度发挥规模效益和协同效应。

企业文化整合：在坚持集团整体企业文化共识的前提下，适当吸收被并购企业的优良文化基因，对不同特质的文化进行合并、分拆、增强或减弱，形成一种全新的文化特质，包括外在的企业形象文化整合，内在的企业精神文化整合。

5. PBA 体系推动战略落地

再好的战略，不能落地一切都是空谈。中央企业由于自身特点，制定战略通常会对接国家层面的国民经济和社会发展五年规划，长期发展战略的时间跨度则更长，如何推动战略落地至关重要。

中广核的经验是，实施年度计划（Planning）、预算（Budget）、考核（Assessment）一体化管理联动，这套管理工具被称为 PBA。以目标要求定任务计划，以任务计划定预算投入，以投入产出定绩效考核，以考核结果定薪酬激励，在确定（或调整）计划时同步确定（或调整）预算等资源，确保资源保障与目标任务相匹配，并落实到绩效考核，推动中长期发展目标落地。

计划、预算、考核有效联动

PBA 的前身起源于核电厂的管理改进计划工具。2008 年，中广核对这套管理工具进行改进并用于制订集团年度工作计划，重点是解决年度计划、预算、考核三者职能分散和工作脱节的问题。

为此，中广核在体制机制上进行了调整，将计划、考核的职能集中到总部同一个部门，减少了部门间的接口。明确了计划的龙头牵引作用，由计划部门牵头，组织财务等职能部门成立跨部门的工作机构——PBA 工作小组，共同研究制订年度的 PBA 方案。

完整的 PBA 方案包括年度计划（P）、预算方案（B）和经营业绩考核方案（A）三部分。其中，年度计划的主要载体是年度战略焦点，包括 D0 及 Dn（n = 1，2…）。D0 包括发展类指标和经营类指标，发展类指标应突出发展规模与质量（如装机容量、上网电量等），经营类指标应突出经营能力和风险控制（如利润总额、EVA 等）；Dn 应对照集团战略规划的要求，聚焦制约集团战略发展目标实现的瓶颈问题。

战略焦点的操作性分解工具——DOAM

战略焦点 Dn 是年度经营计划落地的关键，如何将 Dn 从定性描述转为可操作的任务至关重要，不然一切都是纸上谈兵。

中广核对每项Dn进行DOAM分解，即从方向、目标、行动和衡量标准四个维度对任务进行全面、清晰的阐释，便于落地执行和量化考核。

D是Direction，该项战略焦点任务的行动方向。清晰刻画战略意图或战略任务，下一级的行动方向（D）是上一级的行动计划（A）。

O是Objective，该行动方向本年度期望达到的状态。下一级目标（O）是上一级对应行动计划（A）的衡量标准（M）。

A是Action，对具体行动采用平衡记分卡进行四维度分解。各行动计划之间不重叠、不交叉，行动计划要有所侧重、有所忽略，明确责任部门与负责人员。

M是Measure，量化的绩效指标KPI以及细化的进程管理指标KMI。针对每项行动的具体衡量标准，必须可量化、可考核。

逐级分解与承接落实

中广核针对集团的多板块发展、母子公司组织体系等特点，采取了PBA分层分级管理，按照“管一级、看到底”的原则执行。

一套完整的集团年度PBA方案包含集团、产业板块和业务单元三个层级的PBA方案，具有自上而下逐级分解、自下而上逐级承诺的特点。上一级PBA中的A（行动计划）和M

（衡量标准）分别是下一级 PBA 的 D（行动方向）和 O（目标）。

全集团的 PBA 管理工作由集团公司统一领导，专项工作小组负责牵头制定。集团公司各部门和各产业板块公司各尽其责，分层制订和管理各自的 PBA 方案。业务单元的 PBA 方案由板块公司根据实际建立和制订，保证系统性和可操作性。

各层面 PBA 的制定主要有三个输入。战略规划的要求，即企业中长期规划中分解到本年度的目标和任务，体现战略导向；股东的要求，集团层面要满足国务院国资委的考核要求，包括国有资产保值增值率、利润总额、EVA 等，板块层面要满足集团的要求；内外部形势应对的要求，体现每年形势的变化对企业经营目标和任务的影响。

中广核每年通过高管访谈及内部研讨等方式，做好上述三个方面的输入，首先制定出全集团的战略焦点 D0 及 Dn，并通过 DOAM 工具分解到集团公司总部部门和板块公司。

同样，板块公司以集团和本板块的五年发展规划、集团 PBA 中与本板块有关的 Dn、本板块当前面临的内外部形势为输入，制定出本板块的年度经营目标（d0）和重点工作(dn)，并通过 DOAM 工具进一步分解到板块公司部门和下属业务单元。

这样，集团总部部门和产业板块的 PBA 方案累加起来大于或等于集团的 PBA 方案，集团连续五年的 PBA 方案加起来大于或等于集团中长期发展规划，这就确保了集团战略能够全覆盖、无遗漏和不留死角地分解落实到各年度 PBA。

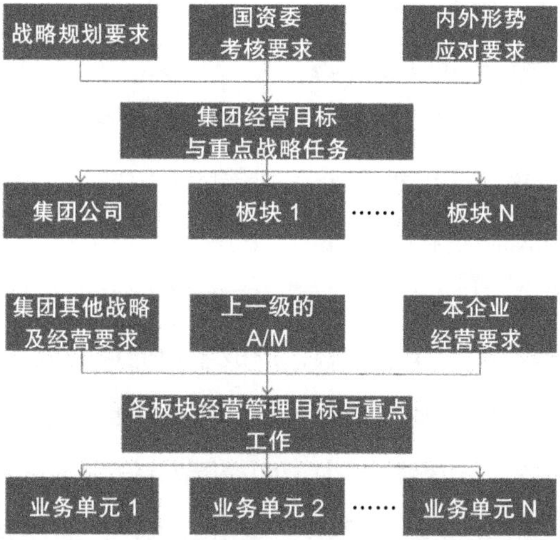

从组织绩效到个人绩效

PBA 方案最终靠人落实，在战略任务分解的基础上，需要进一步解决组织绩效向个人绩效分解。对此，中广核采取了全员绩效行动——TOP（Total Optimization of performance Program）管理工具。

集团所有员工根据岗位职责定位和所在组织的年度PBA方案，制定个人绩效合约PPC（Personal performance commit），将组织的PBA方案落实到每一位员工的PPC上。这也是个人自下而上，做出绩效承诺的过程，其本质是责任的传递和落实，确保一切都有人负责。

PBA实际执行中，核心是实现计划、预算、考核以及薪酬激励的联动和一体化管理。在年度战略焦点D0及Dn制定出来以后，接下来就要根据任务确定预算投入和配置方案（B）；再按照任务的重要程度和难易程度，为每一项任务赋予考核权重。每年年末，根据投入（预算情况）和产出（计划完成情况）来计算组织和个人的年度考核成绩，确定工资总额分配、薪酬激励和对干部员工的评价。

中广核的PBA管理工具，实现了个体待遇与集团战略目标和经营业绩的深度关联，形成了企业和个人紧密相连的共同体，调动和激发了全体干部员工干事创业的积极性、主动性和创造性。年度执行中，如遇国家政策或外部客观环境发生重大变化，或集团战略发生重大调整，需要调整目标、任务或计划时，同步调整预算、考核、薪酬激励等，实现全程有机联动。

PBA的量化管理和闭环管理

量化管理方面，各层级PBA计划目标的设定都必须满足“SMART”原则，即要具体（Specific）、可衡量

(Measurable)、可实现(Attainable)、相关联(Relevant)和有时限(Time Bound)。

闭环管理方面，各层级PBA都遵循“计划(Plan)、执行(Do)、检查(Check)及处理(Act)”的PDCA循环基本原理，通过管理信息化系统，每月定期跟踪报告所有任务计划的执行情况。

最终，中广核实现从PBA编制、执行、调整到完成情况的评价，督促各环节自身以及不同环节间的反馈改进，确保PBA工作全流程闭环管理整体有效。

【随文探析】

中广核发展战略及其演进，有着大型国企共同的特点。企业发展愿景在初期是由国家确定，起点很高，直接与国际一流水平接轨。企业的志向远大，始终将掌握和发展核电的建设、运营、研发能力与国家发展核电产业战略密切结合。在这种情况下，企业完成了国家任务的同时就形成了产业竞争能力，具备以系统设计、关键技术突破和资源整合为基础的创新能力。

但是，企业外部环境始终在变化，难免会遇到自身发展的瓶颈和受到各种外部条件的限制。40年来，中广核的战略愿景始终如一，又不断演进，不断丰富，每次在重大机遇面前，战略上都在主动“破局”，积极寻求解决企业发展的突破口。

初创期，中广核引进国外先进技术建设大亚湾核电站，实现了高起点起步，筑牢了中国核电发展的基石。探索期，以实施自主化战略为突破口，为实现“引进—消化—吸收—再创新”铺平了道路。快速发展期，以专业化、相关多元化战略为突破口，为实现可持续发展奠定了基础。进入新时期，以创新驱动战略和国际化战略为突破口，全力打造国际一流清洁能源企业。

从中广核的实践看，企业战略引导和执行力的强弱，决定了企业的发展。如果没有始终如一地贯彻国家能源及核电发展战略，没有在战略上要求各业务板块做到数一数二，没有集团顶层对产业结构的不断优化，没有行之有效的战略管理工具将目标落到实处，中广核就不可能取得今天的辉煌成就。

第二章

安全第一　尽心呵护

核电是人类和平利用原子能的最大成就，是安全高效、环境友好的能源。自 20 世纪 50 年代全球首座核电站诞生以来，核安全始终是核电发展的焦点。经历 60 年的长足发展，什么是核安全，如何保障核安全等问题，仍然是公众关注的焦点。2011 年以来，受日本福岛核事故的影响，公众虽然对核安全再次提出质疑，但根据美国、法国、俄罗斯、中国等国家以及国际原子能机构（IAEA）核安全检查评估结论看，福岛核事故并未颠覆人们对核安全的基本认识，多年来形成的核安全认识、理念、要求、原则与标准依然正确、有效。

作为核电大国，我国对核安全高度重视，要求严格落实各环节责任，确保核安全万无一失。2017 年，核安全纳入总体国家安全观，写入了《国家安全法》；2018 年，《核安全法》正式实施，通过法律形式明确了各相关主体的核安全责任，确保核安全万无一失已成为核电行业和企业的基本责任。

安全第一，久久为功。对中广核而言，从 20 世纪 80 年代大亚湾核电站建设开始，就始终将核安全放在第一位，把确保核安全作为企业对社会及公众最重要的承诺，坚持“安全第一、质量第一、追求卓越”，坚持风险导向、纵深防御、主动预防、保守决策，切实保障员工、公众和环境的安全。

1. 树立行业安全标杆

中广核通过持续的努力，树立了安全管理的行业标杆。1994 年大亚湾核电站 1 号机组投产以来，中广核所有在运核电站取得了良好的安全运营业绩，总体安全业绩保持国内领先，多项关键指标国际领先。

世界核营运者协会（WANO）是国际上衡量核电安全水平的权威机构，每年会公布全球各核电站的主要运营指标表现情况，共计 12 项指标，旨在促进世界核电行业安全水平的提升。

2018 年，中广核 21 台在运机组（台山核电站 1 号机组因投运时间短，尚未开展统计）的 252 项 WANO 指标中，有 197 项达到世界前 1/4 的先进值，先进率达到 78.17%。大亚湾核电基地作为骨干基地，2018 年 6 台机组 72 项 WANO 指标中，有 54 项达到世界前 1/4 的先进水平，先进率达 75%，其中 48 项达到世界前 1/10 的卓越水平，卓越率达 66.7%。

2017 年，在法国电力集团举办的国际同类型核电机组年度安全业绩挑战赛中，大亚湾核电基地荣获“核安全”与“能力因子”两项第一名，累计获得 36 项次第一名，是全球获得冠军最多的参赛核电基地。其中“核安全”指标是反映核电机组安全水平的重要指标，该指标通过对参赛电站近 3 年的反应堆自动停止运行次数进行统计，并产生排名。截至 2018 年 12 月 31 日，岭澳核电站 1 号机组无非计划反应堆自动停止运行天数超过 4600 天，在全球同类型的 64 台机组中排名第一。

国家发展和改革委员会、国家能源局、环境保护部（现生态环境部）、国家国防科技工业局等四部委对国内各核电基地进行全面安全检查后，评价中广核六大核电基地“安全生产可控，不存在影响行业安全的重大隐患，中广核核电安全是有充分保障的”。

2. 核安全高于一切

核安全是核电的生命线。在任何情况下，中广核都将核安全置于压倒一切的优先地位，首先考虑核安全，优先保证核安全，确保核安全不受工程进度、经济效益和资源的制约和影响，并以此为出发点，构建企业的安全文化体系，使中广核的每个组织、每个人都能时刻用心守护核安全。

安全第一、质量第一、追求卓越

从建设大亚湾核电站开始，“安全第一”就成为中广核做事的根本准则。在此后长期的核电建设和运行实践中，进一步升华为“安全第一、质量第一、追求卓越”，并成为企业的基本原则，企业一切生产和经营管理活动都以此为标准和原则。

安全是核电生存与发展的基础。任何情况下，不能以安全换进度、以安全换效益。安全是责任，人人都是一道安全屏障。安全是执行，预防为主，纵深防御，保守决策，诚信透明。安全是方法，质疑的工作态度，严谨的工作作风，相互交流的工作习惯。安全是标准，各业务板块以本行业的安全标准为基准，努力成为行业安全管理的标杆。

质量是实现安全的根本，没有质量就没有安全。今天的质量就是明天的安全。安全就是效益，质量就是进度。坚持高标准、严要求，保障质量监督的独立性，确保每项工作都符合质量要求，不制造缺陷、不传递缺陷、不隐瞒缺陷。坚持在质量问题上绝不让步，对质量问题及时发现、准确定性、快速处理、及时反馈。对于隐瞒质量问题的行为零宽容。

追求卓越是推动工作进步的内在动力。始终瞄准国际一流，依靠优秀的团队、先进的管理，国际对标，自我评估，持续改进，不断实现更高水平上的安全与质量。持续提升专业能力，及时跟踪、掌握行业先进技术，不断超越自我。加强经验反馈，注重总结提升，确认、固化和推广良好实践，实现标准化、专业化，发挥协同效应。

没有核安全就没有中广核

在中广核，每一位干部员工对“没有核安全就没有中广核”这句话都熟记于心。对他们而言，核安全重于泰山，一丝一毫都不夸张。回顾历史，没有过往的机组安全稳定运行，就没有中广核的今天；面向未来，如果不能继续保持安全稳定的核电生产运行，也不会有中广核的明天。

中广核历任一把手对核安全都有着极为深刻的理解，无一例外地强调全体干部员工必须要以对国家、对人民、对事业高度负责的态度，切实承担起守护核安全的责任，养成良好的安全习惯，才能筑牢企业发展的根基！

在中广核，核安全高于一切，不仅仅是理念和口号，更是贯彻于设计、建造和运营管理各个环节。决策时，优先满足核安全原则和要求。安全体系和制度建设时，优先落实核安全管理职责。安全组织建立时，首先明确核安全政策与承诺。资源分配时，优先保证核安全需求。工作安排时，首先部署核安全事项，生产管理优先保证核安全功能和安全风险得到控制。企业文化建设时，首先确立核安全文化的核心地位。

作为电力企业，中广核经常面临安全与发电之间的两难抉择。在安全性和经济性这两个最重要的考量指标之间，中广核提出“安全的核电站才是经济的核电站”，必要时宁愿暂时放弃发电的经济效益，也要优先保证核安全，始终将安全放在第一位。

一块价值八百万的油漆片

1999 年 12 月 8 日 17：00，大亚湾核电站 2 号机组第 6 次换料大修正在进行，工作人员开始了核燃料装载前的反应堆水池清洁度检查。就在检查工作即将结束之际，检查人员通过望远镜隐约看到 10 米深的水池底部有一个非常小的片状物，但是无法看清楚。大修指挥部立即组织打捞，将近 30 分钟过去了，依然没法捕捞上来。

由于打捞十分困难，而且异物非常细小，显然是非金属类硬物，于是出现了是否继续打捞的异议。此时，大亚湾核电站管理层明确，绝不允许任何已经发现的异物继续留在反应堆堆芯和主冷却剂回路，即使它是一块小碎纸片。最终，12 月 9 日 10：00，该片状物被打捞出来，是附近墙壁上 $2cm^2$ 的油漆片因为风干脱落进入水池。为此，大修工作推迟 15 个小时完成，2 号机组少发 15 个小时的电，直接经济损失 800 万元，但中广核认为安全始终置于经济效益的前面，任何安全隐患都不能忽视。

3. 核安全管理体系

核安全管理体系是核电企业最重要的管理体系，决定了安全管理的基本框架。在充分借鉴和吸收国际先进的核安全管理理念和经验基础上，中广核构建了贯穿于企业生产经营活动、以安全质量为核心的一体化管理体系，将安全责任与安全目标连接起来，实现“人人都是安全屏障”的深层次、精细化、标准化安全管理，并以纵深防御体系为基础，探索建设有效的安全责任组织体系、独立安全监督体系以及安全评估体系。

纵深防御，确保万无一失

为了确保核安全，全球核电站的设计、建造和运行，采用了纵深防御的原则，从设备上和措施上提供多层次的重叠保护。纵深防御体系能有效防止事故发生，万一事故发生，也能确保放射性物质不发生泄漏，主要包括五层防御。

第一层防御，防止核电站偏离正常运行和系统故障。要求按照合适的质量水平和工程实践，保守的设计、建造和运行核电站。

第二层防御，检测和纠正偏离正常运行的情况，防止预计运行事件升级为事故工况。设置由安全专用系统，防止或尽量减少这些假设始发事件所造成的损坏。

第三层防御，假定极少可能发生的事件未被前一层的防御所制止，也必须是设计基准中所预期的，即使发生也能并使之达到稳定的、可接受的状态。

第四层防御，处理已经超出设计基准事故的严重事故，保证放射性后果在合理可行尽量低的水平，防止事故扩大。

第五层防御，减轻事故工况下可能的放射性物质释放后果，实施厂区内和厂区外的应急响应计划，努力减轻事故对居民的影响。

纵深防御的每一层防御都对保证核安全承担重要的作用，因此，中广核对纵深防御的每层防御都给予了同等的重视，确保每一层防御足够坚固，相互独立地发挥安全屏障作用。

管生产必须管安全

安全管理说易行难，关键是在落实责任，不然就成为一句空话。围绕如何推动安全管理真正落地，中广核确立了“管生产必须管安全”的基本原则，明确安全的责任在执行者。要求绝不能脱离生产业务活动讲安全、管安全，必须将安全贯穿于生产业务活动的全要素、全过程，管控好生产的每一个环节。集团公司、核电股份公司、核电站、专业化技术支持公司，一直到每位员工，都必须承担相应的核安全责任。

集团公司承担所有控股核电项目的最终核安全责任，集团公司党委定期听取集团公司和核电股份公司安全管理委员会的报告。集团公司党委书记、董事长和法人代表的设置为三位一体，承担核安全最终责任。集团公司总经理对集团核安全管理承担领导责任。

核电股份公司是集团核电项目核安全管理的责任主体。

核电股份公司董事长是股份公司核安全管理第一责任人，总裁是股份公司核安全管理直接责任人。各核电基地公司作为核电运行持照单位，对核安全承担全面责任，公司总经理是第一责任人。集团各专业化技术支持公司按照分工要求，承担各自业务范围内的核安全责任。

在核电站现场，当班值长承担当值期间的机组核安全管理责任；主控室操纵员承担机组安全监控和操作，是最直接的责任人；核安全工程师承担独立监督和评价责任。

确保安全监督体系的独立性

中广核在严格遵守国家法律法规，主动接受国家核安全局的监督管理，邀请世界核运营者协会进行同行评审的同时，根据纵深防御的理念，建立了严密的质保监督体系，设置强有力的监督部门，构筑内部的独立安全监督体系，充分发挥内外两重防线的安全监督效用。

各核电站设置独立的安全监督管理部门，履行在线安全监督职能，负责核电站日常生产活动的安全监督。监督过程发现的问题、意见和建议，通过立即报告、每天的早会、值长碰头会和安全技术顾问（STA）组周报等渠道反映。

核电股份公司设立独立的核安全监中心，对全部核电站再进行完全独立的监督和评估，直接对集团公司主要领导负责。电站的 STA 具有向核电股份公司安全质保部直接报告核安全关注事项的权力。

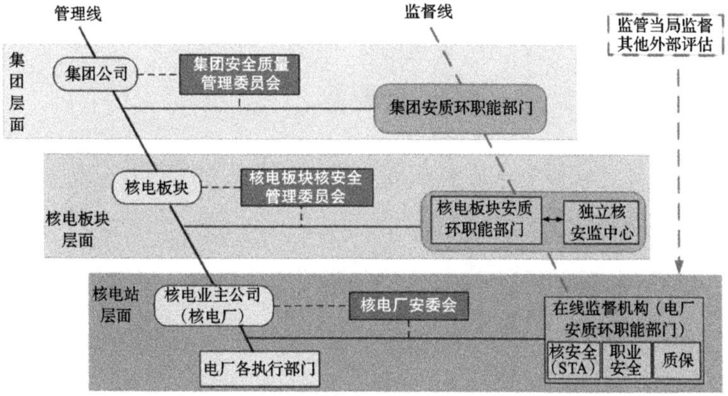

实际执行中，要求安全监督单位要敢于说话，敢于说过头的话，甚至可以上纲上线，工作报告必须起到警醒作用。要求各级干部员工对待安全监督部门，要保持坦诚、透明的心态，不能捂着盖着、藏着掖着，更不能谎报瞒报。要求各单位对于监督部门提出的整改行动和要求，要不折不扣地落实到位，切实维护监督的权威性，确保监督的严肃性。

中广核强调安全监督组织的独立性和有效性，通过四道保障确保安全监督组织能够独立、客观地发表自身意见和有效实施“叫停”。包括在组织保障上，监督部门独立于业务部门，不受其管辖和干扰；在制度保障上，监督部门考评与责任指标设置不能影响其独立性；在渠道保障上，下级监督部门有独立渠道向上级监督部门汇报，上级监督部门有独立手段获取下级单位的相关信息；在上级保障上，公司安全委员会主任由一把手承担，办公室设在监督部门，对本单位一把手负责，同时上级对下级有一定比例的考核权，设立集团独立核安全监督评估中心，多方面确保监督独立性。

核应急保障，时刻准备着

核应急是核电站五级纵深防御体系的最后环节，是在万一发生事故工况的情况下，确保减轻和控制可能的放射性物质释放后果。中广核在国家核事故应急体系框架下，始终按照高标准、严要求推动核应急体系建设，强化核应急在安全管理体系中的地位和作用，提升快速响应的核应急管理能力。

建立多道防线的应急准备与响应机制。按照国家核应急法规和核事故应急管理体系，建立了国家、省、核电站三级核电应急响应机制，通过了国家核应急委员会、国家核安全局对核电站的应急计划、设施设备、应急人员的应急处置能力等的严格审评。各核电基地建立了以“核应急”为核心的全覆盖的应急预案体系，制定了全面并包含严重事故预防的应急计划，可有效地处置各种突发事件。各核电站全部实施应急组织人员 24 小时应急值班制度，确保应急组织始终处于临战状态。

建立了“一厂事故、全体响应”的应急机制，设置了“一个总部 + 两个支援基地 + 多电厂支援”的架构体系，包括总部应急指挥中心，核应急支援大亚湾基地和阳江基地，其他各核电站的应急支援队。集团总部统一协调全集团的各类资源和各单位应急支援力量，对发生核事故的电站进行物资、设备、人员、技术等全方位的应急支援。总部核应急与救援中心对各核电基地进行应急技术支持，形成了专业化的（核）应急技术支持中心和队伍。

为了确保核应急力量保持良好的临战状态，集团和各核电站每年均组织多频率、实战化、多样化的应急演习，持续提升应急响应和临场处置能力。日本福岛核事故后，中广核建立了“超设计基准”的严重事故管理导则和缓解措施等，进一步提升对极端事件的应急响应能力。2016 年，世界核电运营者协会组织了同行评审，中广核的核应急领域为强项。

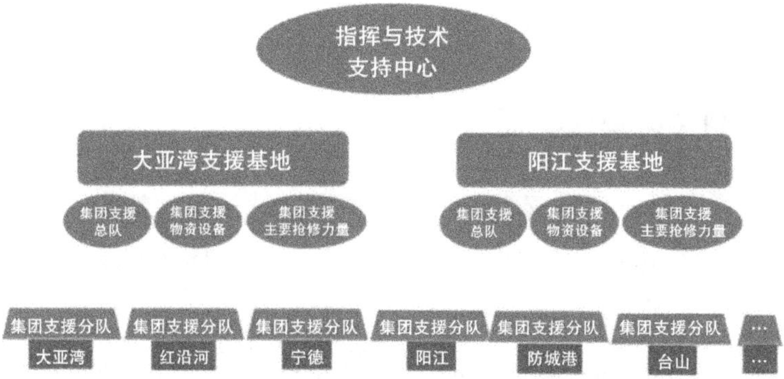

大亚湾核电基地应对“福岛海啸”

2017 年 12 月，大亚湾年度应急演习直接模拟日本福岛核事故的地震、海啸、全厂失电等极端外部事件，国家海洋局为演习模拟定制了专用海啸预警单。演习期间，面对强地震和强海啸等系列突发重大事件，应急体系紧急启动，在应急指挥部的统一指挥下，各应急组织之间协调联络顺畅，各项应急行动反应及时，措施合理正确，成功应对了福岛核事故这样级别的极端外部事件。

4. 行之有效的管理方法

如果说理念是实践的指南，那么方法就是从实践中探索总结出来的规律和用于实践的系统工具。中广核在长期的安全管理实践中，系统积累形成了诸多的经验，完成了从核安全管理理论到管理实践的升华，为改善提升全行业的安全管理水平提供了借鉴。

领导者率先垂范

企业领导者在安全管理中的作用，就是确保整个组织对待安全的正确态度得以强化和落实，这是组织领导的职责，特别是一线领导团队的责任。中广核在实践中反复强调，安全运行人人有责，但各级领导者的以身作则，是安全管理最重要和最优先的事项。

中广核的各级领导者在安全管理中发挥了举足轻重的作用，经过大量的理论培训和长期的工作实践，他们客观认识安全业绩，尽力查找有待改进的领域，积极实现持续进步。一方面，在面临巨大经营压力或者某些业绩指标“滑坡”的时候，依然保持冷静的头脑与平和的心态，依然确保安全工作力度不放松；另一方面，在取得极为骄人的业绩的时候，仍然愿意从成绩和赞扬声中查找自己的不足，探寻安全改进之处。

常言道，领导怎么看，下面就怎么干。领导干部不在现场或者很少下现场，不了解一线的真实状态，不向员工时时传递、强化安全文化理念，一线员工可能就会产生思想上的懈怠，久之就会产生行为偏差，进而出现安全问题。

2015 年，中广核要求各级领导干部必须加大下现场的力度，从办公室、会议室中走出去，从看文件、听汇报中解脱出来，并在全集团范围内定期通报各公司领导下现场的次数，按月、按季度、按年度定期组织量化评比。

一年后，中广核趁热打铁，进一步要求领导干部要以现场为中心，不仅要“下现场”，更要“在现场”，不仅要“在现场发现和听取问题”，更要“在现场解决问题”。同时，将此活动作为“两学一做”的抓手，带动党员队伍、干部队伍以现场为核心开展工作。如果所有的管理和技术骨干都能在现场解决问题，参与现场讨论，摸清问题症结，及时发现问题，抓早抓小抓细，堵住点点滴滴的安全漏洞，企业的安全管理水平一定可以大幅提高。

中广核安全文化宣言

安全第一，警钟长鸣。2016—2018 年，中广核连续三年选在4月26日苏联切尔诺贝利核电站事故之日，举行以“核安全管理”为主题的长湾领导力论坛。在2016年的论坛上，贺禹董事长率领中广核高管庄重宣誓，承诺勇担守护核安全的责任，做合格中广核人。2018年长湾论坛上，再次集体重温安全文化承诺誓词：

始终坚持“核安全高于一切”，

始终坚持“安全第一、质量第一、追求卓越”，

始终坚持“一次把事情做好”，

始终坚持“按程序办事、诚信透明、持续改进”，

始终坚持“以身作则、率先垂范、以人为本”。

我将恪守承诺，严守《核安全法》，勇担责任，做一名合格的中广核人！

誓言铮铮，振聋发聩，这是中广核对国家、对人民、对事业的庄严承诺！是建立长青基业的铮铮誓言！中广核坚信，只有领导干部带头履行承诺，全体员工人人负起安全责任，才能守住中广核的安全“金字招牌”。

一切按程序办事

在中广核，所有的干部员工，无论职位高低，工种差异，都会时刻牢记“红线”意识，时刻提醒自己及同事勿踩“红线”。这条“红线”就是程序对于各类活动和行为的基本要求，神圣而不可逾越。“红线”的一头是程序，一头是人员。

如果违反程序，就会处处受阻，要是符合程序，就是一路绿灯。

核电站是原子物理学和现代工程学的结晶，相比普通工业设施而言，绝对是庞大而精密的体系。核电站的程序体系是核电站安全运行的基础，体现了设计者对核电站安全运行的所有考虑，规定了核电站系统参数的所有要求，构建了核电站全部工作过程的逻辑体系，设置了核电站全部操作的行为规范。因此，确保一切按照程序体系操作，成为确保核电站安全运行的核心。

程序就是办事的规矩，是对知识经验的固化。程序体系的不断升级完善，就是消除技术盲点或漏洞、管理日臻严密的过程。只要遵守程序，就能有力保障工作质量，确保核安全。

以大亚湾核电站为例，1988 年建设期间就参考法国在运核电站，完成了 8000 多份生产程序的编写。同时，在与中华电力公司合营的过程中，在各个业务领域建立了全面、细致的管理程序。大亚湾核电的程序体系一开始就融合了法国核电运行经验、中华电力公司的管理精华，并逐步加入了本土经验。迄今为止，大亚湾核电程序体系（含管理程序、技术程序）已达 3 万余份，为后续投运的核电站提供了程序母版。

2016 年，面对新建核电站相继投产、员工队伍新老交替的情形，中广核全面开展“遵守程序，反对违章”专项行动并建立常态机制，着力培养员工认同遵守程序的文化导向和行为方式，确保能够始终牢牢掌控安全管理的主动权。贺禹董事长强调，“遵守程序，反对违章”不是一项运动，是做好安全生产的最基本要求，必须常抓不懈，久久为功。

“一切按程序办事”，首先，要保证程序的质量，确保程序是正确的，是容易理解的，是可操作的；其次，凡事都要有章可循，都要按程序规定执行，坚决反对不按程序执行；违规后要如实报告，谎报瞒报就触碰了“红线”，要严肃处理。

2016—2018 年，中广核进一步修改完善管理程序 14075 份，技术程序 132156 份，推动 255 项良好实践在各成员公司推广。

孔子在《论语》中说：“尔爱其羊，吾爱其礼”，反映到核电行业，就是程序体系的神圣不可侵犯性。

设备不出问题

核电站的安全生产运行，最简洁的拇指法则就是“人不犯错误、设备不出问题”，双管齐下确保万无一失。对于百万千瓦级核电站这样的庞然大物来讲，设备可靠性是核安全的保障，是机组安全高端稳定运行的基础。

中广核旗下的核电站绝大多数是采用 CPR1000 二代加技术路线，为运行的“专业化、标准化、集约化”管理奠定了基础。因此，在进入多基地、群厂运营后，中广核大力推进“三化”战略落地，推动设备管理一体化运作，建立电站设备可靠性管理体系和协同机制，牵引各专业化公司和电站强化能力，协调资源，统筹好重大、共性设备问题的解决，做到既不出现管理真空，也不出现管理重复。

首先建立清晰的设备管理职责体系。在核电股份公司统筹管理的基础上，按照建设、运行、技改的流程，对相关单位进行明确的责任划分。

工程公司承担工程阶段的设备质量责任，不留后患。既要保证不把“病人”带给电站，还要把发现的“病人”和治病经验及时反馈到制造和采购端，避免“感染”。

苏州热工研究院承担群厂“8 + 1”重大设备直接管理责任，包括主泵、汽轮机、发电机、柴油机、主变压器、蒸汽发生器、凝汽器、APA/CRF 泵组八大设备和“冷源”，统筹建立群厂设备管理体系、标准和平台，解决重大共性技术问题。

各核电厂承担日常设备管理责任，负责设备管理“标准化”的具体落实，电站设备日常巡视、运维、改造的具体实施。

技术研究院负责设备中长期改造的技术支持，对设计、安全功能提升、批量化改造中难以解决的设备技术问题进行研究，给出方案和改造文件，由电站实施。

核电股份公司在“三化”原则下，打通设备全寿期管理责任链，分类别、分层次建立起设备管理责任清单制，确保责任落实到人，不留死角，形成设备管理全程可追溯。

其次，加强各单位的协同配合，破除设备管理的“信息孤岛”，建立全链条经验反馈机制。从制造端到运营端，从各电站到电站与平台公司，任何一个地方出问题，其他所有相关单位都要第一时间获得信息，第一时间展开分析。

做好群厂良好实践的分享和推广，打通工程和运营联动的经验反馈机制，推动设备管理、运行、维修、技术支持等专业形成有机整体，建立统一的检测体系及分析和决策流程。

对关键敏感设备安排“保健医生”，明确设计、监造、运维的责任人，做到上游对下游负责，各环节对全寿期设备管理负责。进一步强化工程阶段的人员责任，包括设计选型是否合理、监造是否到位、供货质量是否满足要求。

人不犯错误

人作为安全管理的主体，意识和能力始终是确保安全的关键。根据行为理论学的解释，人是最不可靠的，因为每个人都会犯错。除了不可抗力以外，核电站发生的任何问题在某种程度上都可以归结于人因失效。因此，怎么样让人不失误，是提升核电站安全水平的永恒主题。

核电站的运行实践和大量数据统计表明，绝大部分容易发生行为失误的情境是能够预见、控制和防范的，并且个人的行为也在很大程度上受到组织、制度和管理水平的影响。

为此，中广核在实践中，研究并推行了一系列防人因失效措施，积极从源头上构建员工个人良好的行为习惯，强化正确的行为规范，遏制人因失效的“苗头”。

建立系统化全员培训授权上岗体系。要求员工既要知其然，还要知其所以然，绝对不能一知半解，轻举妄动。关键技术岗位考核中，聘请集团外部的考官，对考核严格把关，不讲情面、不走过场，不糊弄。各公司的总经理抓员工的技能提升，积极营造良好的学习氛围，必须关注员工下班后干什么，是否在学习，通过管理和机制来加强引导。此外，打通了运行值长、机组长、隔离经理等关键岗位的人才流通机制，确保每个基地都配备一支合格的“种子队”，系统提升人员技能水平。

建立人因训练室。基于防人因失效的科学理论研究，紧扣技能型人因失效、程序型人因失效、知识型人因失效等情景，建成“人因研发和训练中心”，专注于防人因失误工具的开发和人员行为规范的训练。开发了符合核电站特色的人因工具卡、专业行为规范和防人因失误训练场景，并提供人员行为训练服务和核电站安全文化水平及防人因专项评估。在这里，任何一项操作，比如电话怎么打，都要进行标准化训练。

全面推行对承包商的管理。承包商承担了现场的许多工作，是电站安全生产的重要组成部分。中广核高度重视这一群体的技能提升，将能力提升的要求延伸到承包商。从严制定了承包商培训标准，明确承包商进场工作的门槛，引导承包商公司加强人员安全培训和安全体系建设，从而提升整体安全管理水平。

人因工具卡

2006年，由大亚湾核电站安全文化及人因改进推进小组牵头，参照国际核电同行的良好实践，成功开发“防人因失效工具卡”。开发过程中，各专业岗位经验丰富的人员全部参与，把现场最常见的失误类型，最大限度地浓缩到六张人因工具卡上，明确相关的行为要求和失效症状。人因工具卡的正面，阐明了工作主题要义和执行步骤；反面，阐释在执行过程中常见和需要注意的事项，以供持卡人对照检查。

这套人因工具卡主要包括：工前会、使用程序、明星自检、监护操作、三段式沟通、质疑的态度等。以工前会为例，就是要求在现场作业或改变设备状态以及其他一些重要项目活动前，召开明确操作目的和程序步骤的工作准备会议。凡是两人以上的作业，必须召开工前会，并尽可能在临近现场开工时召开。在工前会召开时，召集人要对照人因工具卡的内容，对人员技能要求及作业关键步骤逐项核对，识别可能出错的情形和预想最坏情景和后果，并组织评估预防措施和预案。

人因工具卡推出以来，要求各单位领导带头佩戴，全员同步推进，并辅以大量的宣传、提示和经验反馈。目前，人因工具卡已经在中广核得到广泛使用，对于推动现场人员的行为和习惯转变，实施效果非常显著。

根本原因分析

核电项目的突出特点就是投资成本高、安全要求高，无论是工程建设阶段还是生产运行阶段，如果出了问题没有查清楚原因，就不能采取有针对性地纠正和预防措施，这时核电站要么工程停工，要么机组停运，均需要付出巨大代价。

根据“二八定律”，20％的缺陷是导致 80％的事件发生的根本原因，即导致重大事件的根本原因与低水平事件的根本原因在很大概率上是相同的，因此如何做好根本原因分析尤为重要。

根本原因分析（RCA-Root Cause Analysis）方法起源于美国海军核部门，1979 年发生的美国三哩岛核事故，以及随之而来的国家实验室对核反应堆操作程序的审查，促使 RCA 方法在核工业和政府核武器研究领域得到了广泛传播。目前，RCA 已广泛应用于石油、化工、煤炭、电力、医疗、制造等各个领域，被证明是有效的事件分析方法。

2002 年以来，中广核建立了基于根本原因分析和纠正行动的经验反馈机制，全面推行根本原因分析法，核心是确定导致事件发生的根本原因，开展有针对性的纠正和预防行动，有效防止同类事件的重复发生。这项工作的核心理念是，找出整个系统或流程，而不是关注个人执行上的过错和责任，再进行纠正和预防，营造一种重视管理和制度改进的安全文化。RCA 应用以来，绝大部分重要设备故障的根本原因都得到了确认和纠正，并确定了中长期措施和政策，提高了电站的安全可靠性。中广核人对此有着更为通俗的说法，那就是三个镜，“显微镜、放大镜、望远镜”，查找问题用显微镜，反馈问题用放大镜，处理问题用望远镜。

实际应用中，根本原因分析法涉及三个层级的原因分析。直接原因（DC-Direct Cause），即导致事件发生的最表层原因。间接原因（CC-Contributing Cause），即导致直接原因发生的原因，通常可分六个层次。根本原因（RC-Root Cause），存在于导致事件发生的众多间接原因之中，通常位于较深的层次，需通过一定的逻辑关系分析才能确定。

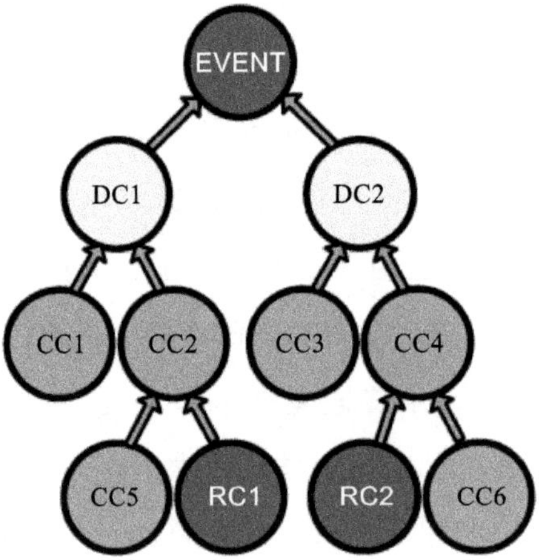

5. 文化引领更高水平安全

美国核电运行研究院（INPO）认为，安全文化“是组织领导者设定并内化于各层级员工的价值观和行为方式，由其确立了核安全至高无上的优先地位”。中广核始终保持如履薄冰的心态，主动吸收国际化的安全和质量理念，按照“领导层示范，骨干层推进和渗透，全体员工参与”的思想，积极推进核安全文化建设。

自上而下的全员安全文化

安全文化也是生产力，一种文化的形成和改良，是一个非常缓慢的过程，取决于管理层的认识，个人的工作环境及其为建设安全文化所付出的努力。要想核安全素养有质的飞跃，需要每一个人都致力于“安全第一、质量第一、追求卓越”这个共同的目标，把核安全的要求切实落在行动中。

中广核在以下三个方面进行推进与落地。

首先，抓高层领导者的承诺和率先垂范。要把“核安全高于一切”作为高层领导的做事信条，任何时候都要将核安全放在第一位。不追求短期经济利益，不把成本的压力通过降低安全、损害工作质量等方式传达给一线员工。注重培养稳健、平衡、谨慎的一把手思维习惯，要求各单位一把手带头宣传安全文化，定期主讲安全质量课，定期主持安全质量会议；带头巡视现场，定期开展管理巡视。

其次，实施骨干力量辐射与渗透。要求管理层坚持保守决策和诚信透明的原则，做到“凡事有章可循、凡事有人负责、凡事有人监督、凡事有据可查”的“四个凡是”。“保守决策”是管理层进行决策和风险控制时必须遵循的原则；“诚信透明原则”对于电站形成良好的报告文化起着至关重要的作用。“四个凡是”，对于构建安全管理的组织架构和划分部门职责、接口具有重要意义。将其写入质保大纲，这样，与安全有关的每个环节、每个关口、每道工序、每个部分，甚至每个细节，都设置了质量“阀门”，隔绝一切不符合安全、不符合质量要求的行为和产品。

实践中，各电站成立了安全文化推进小组，核电股份公司建立了《中广核核安全文化评估导则》，定期对各在运核电基地进行核安全文化评估工作，并评出 TOP5 个强项和 TOP5 个弱项；各单位针对评估结果制定专项改进计划，持续提升核安全文化水平。

第三，抓基层班组的全面参与、贡献。包括抓基层安全标杆班组建设，培养“按程序办事”“一次把事情做好”的理念；培养质疑的工作态度、严谨的工作方法、相互交流的工作习惯；抓作业活动明星自检（STAR）方法的执行等。

STAR，是在进行一项任务前后有意识地识别正确的设备、风险、预防措施及异常处理的行为规范的组合，Stop，让头脑冷静；Think，好好想一想；Act，全神贯注操作；Review，耐心逐项检查。STAR看似简单，但它包含了一个完整的管理流程，在防人因失效方面，具有很强的实践指导意义，已经成为中广核广大生产一线员工熟知并自觉应用的工作习惯。

“一次把事情做好”，其实质是“零缺陷”的管理理念，是一种更简单、更直接的表达。在核电站，任何重大关键路径上的活动都要求一次成功，并把这一要求转化为切切实实的控制手段。

“一次把事情做好”并非易事，现场五分钟的操作，可能需要花费五天乃至五个月的准备，吃透各个关键点，对各种风险考虑周全并做好应对预案。

核燃料组件连续46000步操作“零”失误

2017年，中央电视台《新闻联播》特别栏目“大国工匠”中，讲述了来自中广核的我国第一代核燃料操作师乔素凯，他用自己的故事诠释了“一次把事情做好，用心守护核安全”的理念。

每隔18个月，核电站要进行一次换料大修，这是核电站最重要的工作，1/3的核燃料要被置换，并要对可能破损的核燃料组件进行修复。而且核燃料组件放置在含有硼酸的水池，修复的工作必须在水下完成，稍有不慎修复工作便会失败。

“燃料无小事，做毫无差错的技术能手！”乔素凯始终将这句话挂在嘴边，并用“不允许毫厘之差”来要求团队所有人苦练操作技能，力求把每步操作做到极致。在燃料组件修复时，他可用 4 米的长杆完成水下精确值为 3.7 毫米的操作。面对燃料棒包壳管 0.53 毫米的壁厚，他可以用自己的手感和经验保证燃料在抽出过程中完好无损。

正是因为心怀对安全的敬畏、对创新的追求、对专业的职守，乔素凯所在团队共为国内 20 台在运核电机组完成了 120 多次核燃料装卸任务，创造了连续 46000 步操作“零”失误的纪录，堪称守护核安全的典范。

人人都是一道屏障

核电站的安全屏障包括物质和人两部分，其中前者由各类系统设备构成，在核电站正常运行和事故工况下，都起到安全保护功能。相比之下，后者则是具有高度主观能动性的人，不稳定特性明显。国际核电界的经验表明，60%～75%的安全生产事件都可以归因到人的行为失误。

因此，延续安全管理纵深防御的理念，中广核提出“人人都是一道屏障”，要求广大员工增强责任意识，主动去发现和消除潜在的安全和质量隐患。每位员工都是一道独立的安全屏障，也是最后一道安全屏障。

强调安全源于行为。要求每位员工都坚持“自身是最后一道屏障、唯一的一道屏障”的理念来对待每项工作，以“这道屏障击穿就可能造成事故”的意识来执行每项工作，严格把关，实现高质量的生产活动，达到安全的结果。

强调安全始于责任。要求每位员工正确理解和承担各自的安全责任，做出安全承诺，严格执行各项安全规定。制定了严密的安全绩效体系，让员工清楚地知道职责并承担起来。

倡导无责备的安全文化。鼓励广大员工积极参与安全管理，在本职岗位上多动脑筋，敢于质疑和挑战传统，并提出建设性的意见，通过调动人的主观能动性去修补制度上可能存在的漏洞。

大亚湾核电站的两个创新

如何提高员工的责任意识？2008年，大亚湾核电站推行技术岗位负责制，推动“设备到人”。现场的主要设备区域，到处可见醒目的设备责任人的姓名，全部对应着高岗位的技术人员，并将设备的健康状态与员工本人的薪酬和职业发展挂钩。因此，在重大设备检修期间或设备启动过程中，责任工程师的身影都会出现在现场，收集数据、监控过程、关注异常，精心呵护着自己所管的设备。

如何使质疑成为一种普遍认同的文化呢？2005年，大亚湾核电站开始设立“质疑奖”，对于员工提出的高质量的质疑予以表彰和奖励。质疑并没有改变任何实际工作流程，只是深入验证了“传统”的合理性，最大限度地发挥员工的主动性和参与意识。“质疑奖”在实际工作中取得了异乎寻常的良好效果，几乎每一个质疑都成功避免了一次人因事件的发生或是重大设备损坏风险，“质疑的态度”被列为中广核六大防人因失效工具之一，并在全集团推广。

诚信透明是底线

核安全文化还是一种报告文化，也可称之为透明度文化。核安全管理所坚持的经验反馈体系，是以所有失误与意外都能得到及时报告为基础的。只有及时报告，才能组织深入可靠的分析，找到教训和改进的空间，防止重犯同类的错误。这里所强调的透明度，不仅要求下级对上级的透明，也要求上级对下级的透明，还要求企业内部对外部公众和监管机构的透明。

持久透明的事件报告制度。后果不严重不等于不重要，透明度是安全管理的基础，只有主动地去暴露、查找问题，找出根本原因，才能及时发现和纠正偏差，才能预防重大失误。中广核建立了基于偏差与“小事件”的报告准则和“不责备”的鼓励事件上报的制度，形成了管理线、监督线同时上报和监督线可跨越式上报制度，并设定量化指标来测量、提升透明度的机制。

在中广核，诚信透明是对每位员工的基本要求，也是合格中广核人的底线。中广核倡导诚信透明，在工作中积极营造高度信任的工作环境，坦诚暴露问题和偏差，深入分析偏差的原因，踏踏实实进行纠正，最终达到持续改进的目标。说实话、做实事、守信、坦诚、闻过则喜是中广核人的基本素质。

在中广核，倡导报告错误的透明文化，员工对任何事件不能隐瞒，一切偏差要汇报，发现异常、缺陷、事件及事故及时主动报告，任何人不会因报告隐患而受到责难。只有员工主动说出真话，才能了解到现场真实的信息，才能第一时间采取针对性措施解决。诚信透明更需严于律己，要求员工能认真倾听批评意见，凡事先看自己的问题，主动报告自己的失误，主动请别人挑自己的毛病。反对一切弄虚作假、隐瞒不报、谎报的行为。

为促进透明文化在员工心中生根并转化为自觉行为，中广核主要从三个方面加以引导。犯了错误时，员工能毫无心理负担地主动汇报；发现问题时，员工能毫无顾虑地指出问题，管理层能包容不同的意见；实现信息普遍共享，体现了企业中人人平等、员工参与管理，也成为管理层获取基层信息、了解员工思想动态的最有效途径。

除了正向激励外，在负向约束方面，中广核则对“隐瞒不报、弄虚作假”的员工撤职或除名，坚决清理队伍，实行零容忍，否则不足以形成警示和震慑。当然，处理人不是目的，中广核鼓励出了问题主动报告的行为，其目的就是为了做好经验反馈，避免重复犯错，最终确保中广核的核安全管理水平不断提升！

【随文探析】

在人类的价值体系中，安全始终是最重要、最基础、最具稳定性和可持续性的要素，离开了安全，人类创造的任何价值都将置于风险之中。全球核电的三次重大核事故无时无刻警示着后人，核电安全重于泰山。

究竟什么是核安全？国际原子能机构《核电安全的基本原则》指出，“无论怎样努力，都不可能实现绝对安全，就某种意义来说，生活中处处有危险。”也就是说，没有绝对的核安全，它是可接受的风险；核安全没有最好，只有更好。

无论是从科学技术角度，还是从数据角度，中国的核电站都是最安全的工业系统之一。但是，在核安全管理这条道路上没有终点，只要企业存在一天，就必须朝着更安全的方向不断努力。

40 年来，中广核以对国家、对社会、对人民高度负责的精神，敬畏核安全，用心守护核安全。将安全视为企业生存和发展的生命线，建立了严格到苛刻、细化到极致的核安全管理体系。

今天，“安全”已成为中广核的金字招牌。但中广核从未满足，从未停步，坚持不懈地在安全管理的道路上不断完善，将安全发展不断推向新高度。

第三章

▶ 科技创新　根本动力

进入 21 世纪以来，科技进步进入日新月异的活跃期。受此影响，全球产业结构加速重构，对传统产业的转型升级与新兴产业的崛起产生了极大的催化作用。

党中央、国务院历来高度重视科技创新。党的十九大在新的历史起点上，对“加快建设创新型国家”作出了重大战略部署，强调要把创新驱动发展作为面向未来的一项重大战略。要突破核心技术，铸造国之重器，切实提高我国关键核心技术创新能力，为我国发展提供有力科技保障。

核电站作为人类工业文明中最为庞大、复杂的系统之一，每一步前进，都离不开深厚的知识积累和技术创新。抓创新就是抓发展，谋创新就是谋未来。中广核作为我国核电发展的主力军，始终将科技创新作为发展的核心竞争力，实施“科技引领、创新驱动”的发展战略，科技投入占集团主营业务收入比重连年保持在 5% 左右，以体制、机制和文化创新助推科技创新，在自主三代核电技术研发、核级数字化仪控系统自主化、太阳能光热发电技术示范等方面形成了丰硕成果，填补了多项国内空白，带动我国核电等产业整体水平和企业经营业绩持续提升。

40 年弹指一挥间，中广核的实践充分证明，创新是引领发展的第一动力，在全球清洁能源变革的大潮中，只有不断创新，才能获得竞争优势，不断开创新局面。

1. 创新协同体系

科技规划与集团战略“同步走”

一直以来，中广核坚持科技研发聚焦集团战略规划，服务集团发展大局。从“十二五”开始，科技规划作为集团五年发展战略规划的重要子规划，同步谋划、同步部署，按照“建设一代、改进一代、预研一代、探索一代”基本策略，形成近期、中期、远期三个梯级的科研规划。

以核电为例，近期规划的目标是解决核电生产领域共性关键的安全问题，主要以“尖峰计划”为牵引，支撑核电运营业绩持续创优。中期规划的目标是解决自主三代核电技术的有无问题。长期规划的目标是面向未来核电技术发展趋势，在新型反应堆、先进燃料组件、智能核电等领域，部署一些科研重大战略专项。

中广核每两年举办一次集团科技大会，邀请国家部委领导、行业专家学者、产业链企业，集团成员公司一把手、科技骨干，共商能源行业和集团科研创新大计，确保科技创新工作始终在正确轨道上前行。

开门合作，协同创新

中广核坚决贯彻落实“企业是自主创新的主体”要求，建立了国家级、集团级、板块/成员公司级的三级研发体系，建成1个国家工程技术研究中心、7个国家能源研发中心、1个国家重点实验室、多个集团级研发平台，为科研工作开展提供了坚实保障。依托各类科研平台群，形成了超过3000项科研专利，为集团的创新发展打下了坚实的技术科研基础。

中广核高度重视协同创新，以项目为依托，牵头建立开放式的科技研发平台，联合产业链上下游主要企业成立了核电设备国产化联合研发中心，组建创新集群，通过技术融合、联合攻关，在短时间内实现了部分大型锻件、核级泵阀等关键设备自主化与国产化，大幅提升了我国核电行业的科技实力、创新效率和研发质量。

科技创新是一项系统工程，中广核注重“开门做科研”，与包括法国电力、法马通、一重等国内外企业，中科院等研发机构，AFCEN、EPRI 等行业组织，曼彻斯特大学、清华大学等高校建立了长期的合作关系。每年举办中广核与中科院科技研发战略对接会，吸收最新研发成果服务于集团业务发展。

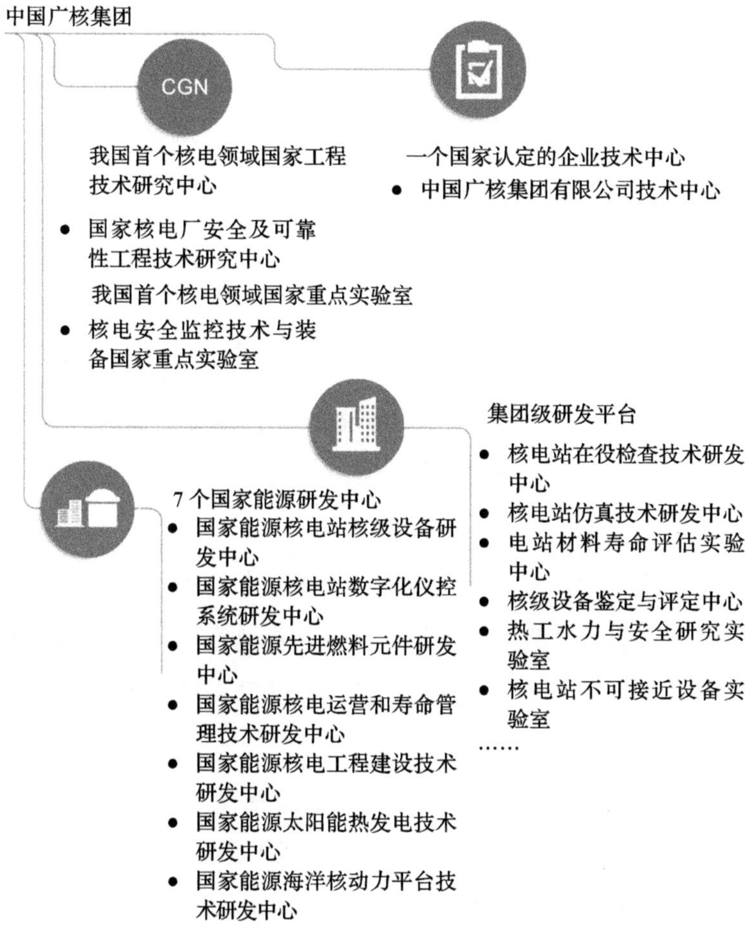

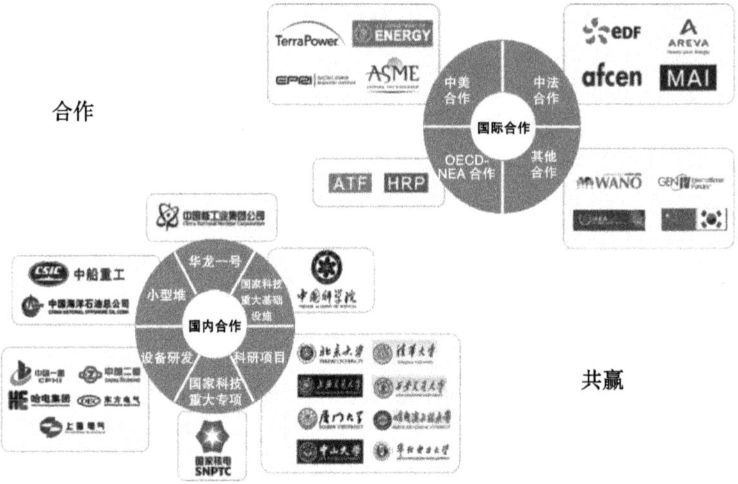

联合攻关自动焊接技术

2008 年，我国已经掌握了百万千瓦级核电站建造的手工焊接技术，但国际上早已对核电站管道焊接使用了自动焊接技术。

为了早日攻克自动焊接技术难关，中广核牵头，组织国内相关设计、安装及检测专业单位，启动了百万千瓦级核电站主管道自动焊工艺技术开发及应用项目，依托在建的红沿河核电站及宁德核电站实施。

2011 年，具有国际先进水平的窄间隙自动焊工艺在宁德核电站 1 号机组主管道焊接中正式应用。采用传统手工焊工艺，单个焊口需要 4 名焊工约 35 天才能完成。采用自动焊工艺，单个焊口 2 名焊工 15 天就能完成，焊材消耗量仅为手工焊的 1/8。同时，核岛安装关键路径工期缩短了 30 ～ 45 天，单台机组提前商运带来直接经济价值约 2 亿元。

2. 人是第一资源

开展自主创新，人才是基础，高端科技人才是关键。中广核在加强科研资金保障的同时，更加强调营造有利于科技创新的人才机制、激励机制和环境文化氛围，发挥人才对创新的决定性作用。

多出人才，出好人才

经过多年努力，中广核在科研人才的“选用育留”等关键环节都取得了成效，梯次建立了中青年专家、资深专家、首席专家、院士的高端科技人才发展通道，科研人员数量达到 6000 人左右，形成了一支专业配置完整、在国家和行业层面具有较强影响力的科技人才队伍。这支队伍牵头承担了 140 多项国家级科研项目、992 项国家行业标准编制；累计申请专利 4432 件，专利授权 2483 件，2 项专利先后获得中国专利金奖。近三年，还获得了 3 项国家科技进步奖，百余项省部级科技奖励，交出了中广核成立以来最好的一份成绩单。

为更好地适应新发展形势，中广核进一步加强科技人才队伍建设，尤其是专业技术精湛、学术造诣较高的高层次技术骨干人才队伍建设。这些高端科技人才是支撑中广核创新发展的核心和支柱，他们担负着本专业领域的技术攻关，领导、带动本专业技术能力发展与提升，做好专业技术人才的“传帮带”等职责。

高端科技人才纳入集团人才荣誉体系，采用“按需设岗、统筹评聘、分级管理、动态调整”的管理原则。各层次专家岗位任期原则上为3年，根据任期表现“能上能下”。

优化科研人员激励机制

近年来，国家发布了多项政策，鼓励企业激发科研人员的积极性和创造性，促进企业健康发展。为深入贯彻落实国家相关政策，充分调动科研人员的创新热情，加速推进科研成果转化，中广核制定了专门的科研人员激励办法，围绕科研人员的岗位价值、项目价值和成果价值，设置了三种激励方式。

岗位薪酬激励，核心是调整科研人员的薪酬结构，实现薪酬基于科研项目的“能增能减”。包括取消岗位津贴，设置科研津贴，科研津贴根据承担的项目和参与的级别进行设置。鼓励科研人员多参与项目，参与项目越多，薪酬也相应的增加越多。

研发项目激励，目的是推进重大研发任务尽快完成。措施包括：结合研究项目的战略价值和难易程度，设置基础奖励额，通过对项目完成质量和完成时间的评价，对参与项目的科研团队进行奖励。

成果转化激励，是指科研成果成功实现外部市场转化，在满足集团战略导向和利润门槛值的前提下，对科研团队实施价值提成奖励。具体做法上参照国家规定设置提取比例，在成果转化取得净利润后的一定时间范围内，对科研团队实施奖励。

研究院：构建多元化的激励机制

在中广核政策框架下，下属研究院积极探索科研人员薪酬激励机制改革，以“激励与约束并举、考核与分配关联、业绩与公平并重”为原则，重在激发科技人才的潜能，实现“促创新，促成果，促发展”的目标。

实施薪酬分配结构改革，弱化薪酬体系中奖金与职级的关联度，实现奖金分配与业绩贡献强挂钩，鼓励“多劳多得、好劳多得”，拉开差距，打消员工职级顾虑，提升员工干事热情和效率。

结合不同科研任务属性，分类实施考核和激励机制。战略科研以提高科研人员基本工资收入，以重要里程碑考核为基础，加强过程激励和结果奖励，使员工心无旁骛，潜心科研，确保科研任务目标的达成。应用研究以分享科研成果转化收益为主，激发员工创新创业热情，促进科研成果转化。技术服务以分享增量收益为主，与服务项目质量、进度和效益关联，调动员工主动性和积极性。

在落实多元化激励手段的基础上，通过管理层和核心科研人员持股，健全激励约束长效机制，建立企业与关键岗位人员之间风险共担、利益共享的产权架构，实现员工与企业共同发展，有效提升企业凝聚力和经营活力。

具备新产业孵化条件的科研成果，建立成果转化平台，引入科创基金等社会资本，稳妥推进员工持股。积极探索实施项目分红权、岗位分红权、虚拟股权等中长期激励方式，条件成熟时予以试点和推广。

促进创新活力竞相迸发

为促进企业形成持续创新动力，中广核通过搭建创新项目培育和孵化平台、成立创新协会、组织创新成果展示交流等形式，在集团范围内部署开展技术改进、科技研发活动，培育创新文化。

以创新活动为抓手，积极培育创客文化。青年是科研创新中最活跃的因素，中广核鼓励青年员工的成长、成才，在科研领域，大力实施“青锋计划”，以科研课题为牵引，给予资金支持，鼓励员工瞄准核心技术，实施重点突破，并鼓励科研成果转化。目前“青锋计划”部分成果已经应用于现场改造或者被新堆型研发采用，直接经济效益达上亿元。在运营领域，开展“扬帆计划”，针对企业技术和产品中的问题和不足，提出改进方案。经评选后，组建项目团队，进行深度研发。目前该计划已产生创新成果 110 多项，成功应用于生产和管理中，对提升核电安全运营业绩发挥了巨大经济效益。通过持续开展创新活动，加速了创新型人才成长，打造了一批尖端领域的核心人才。

推动内部资源平台化，助力创新活动开展。中广核建立了科技信息情报中心，为集团技术创新提供专业化、集约化的情报服务；设立了创新基金，组建了“爱核创”创客平台，以“产业链服务 + 天使投资”模式运作，为创业创新提供资源保障。

建立容错机制，营造鼓励创新氛围。借鉴在核电安全管理方面的良好实践，在科技研发领域大力推进透明文化建设，倡导出现问题和偏差主动报告。按照“三个区分开来”，建立容错免责机制，鼓励原创性研发试错，对于创新活动中没有达到预期效果，相关科研人员尽职尽责的，不承担相关责任，减轻对科研人员的羁绊与束缚，营造鼓励创新、宽容失败的文化氛围。

3. 铸就“华龙一号”大国重器

中广核人坚定不移走“引消吸创”的科研创新道路，从引进技术建设大亚湾核电站开始，通过 30 多年的渐进式研发改进，2014 年，自主知识产权三代核电技术“华龙一号”正式诞生，我国核电实现了第五个自主化“自主创造”，为实施“走出去”奠定了重要基础。

把握大势，前瞻决策

2005 开始，我国启动了核电规模化建设，以二代改进型技术为主的核电建设进入快车道。与此同时，国际上三代核电发展趋势开始显现，我国引进的 AP1000 和 EPR 两条三代技术路线也进入示范建设阶段。中广核面临两条发展道路：选择继续建设成熟的二代改进型技术项目，建设速度快，不需要新增研发投入，企业承担的风险小、收益大；选择研发自主三代核电技术，需要大量的投入，国外一般需要 8 ～ 10 年，企业承担的风险高。

通过对全球核电发展的认真研究，中广核敏锐地意识到未来核电市场的竞争实质是技术路线的竞争，技术迭代是不可阻挡的趋势。要想成为国际一流核电企业，必须抓住技术代际转化的战略机遇，尽快拥有自主知识产权的三代核电技术。

在已有研发基础上，2010 年，中广核正式启动自主三代核电技术型号 ACPR1000 的研发，目标是利用长期积累的技术基础和国际最新设计理念，通过 3 ～ 5 年时间，开发出具有自主知识产权，能够“走出去”的三代技术型号。

2011 年日本福岛核事故后，国家要求新建核电项目必须采取三代技术，中广核进一步加大了研发力度。同时，在 ACPR1000 基础上，吸取了福岛事故的经验教训，增加了非能动安全等设计，确保核电厂的抗震等级、热工裕量以及主要技术指标达到或超过国际最高安全标准，并更名为 $ACPR1000^{+}$。

同期，中核集团也在研发自主百万千瓦级压水堆技术 ACP1000。2013 年 4 月，国家能源局组织召开自主创新三代核电技术合作协调会，推动中广核和中核进行技术融合，联合打造中国自主三代技术。双方企业秉承使命，求大同、存小异，各取所长，促成了融合的技术方案，命名为“华龙一号”（HPR1000），寓意“中华复兴，巨龙腾飞”。2014 年 8 月，“华龙一号”总体技术方案通过国家评审，成为我国第一个自主三代核电技术。

全力以赴确保型号研发成功

型号研发顶层设计之初，中广核就提出按照国内、国际最新核安全法规要求，以“实现自主知识产权”“三代技术水平”“走出去”为目标，全力以赴。为此，配备了全集团最强的技术力量，投入十几亿元建设试验台架，集团公司董事长亲自担任研发领导小组组长，全力推动研发工作。

得益于中广核 30 多年科研、设计、建设和运行经验，中广核仅用 5 年时间就研发出“华龙一号”。“华龙一号”

采用国际最高安全标准，具有完善的严重事故预防和缓解措施，堆芯损坏频率（CDF）小于 10^{-6}/堆·年，大量放射性物质释放频率（LRF）小于 10^{-7}/堆·年，成熟性、安全性和经济性满足三代核电技术要求。

“华龙一号”是在经过验证的成熟技术基础上进行的集成创新，充分依托业已成熟的我国核电装备制造业体系和能力，确保研发产品具有可行性，并且节省了研发时间，充分体现了先进性和成熟性的统一，安全性和经济性的均衡，能动和非能动的结合。

研发过程中，相继攻克了多道难关，包括抵御大飞机撞击的双层安全壳研发、实体隔离的安全系统研发、蒸汽发生器以及堆内构件等关键设备研发、自主堆芯设计软件和自主燃料研发等，实现了关键设备及燃料设计的国产化，示范项目设备国产化率可达 85%以上。

“华龙一号”在设计技术、设备制造和运行维护技术等领域的核心技术具有自主知识产权。截至 2018 年年底，申请相关知识产权 2154 项，其中申请中国专利 1842 项，申请英国、美国、法国等国外专利 41 项，软件著作权 271 个。

“华龙一号”的成功是中广核长期以来坚持“引进一消化一吸收一再创新”的结果。中广核在核电站设计、建设和运营上经历了从“知其然”到“知其所以然”，再到可以自行开展单项技术创新的过程，逐步积累了自主研发三代核电技术的宝贵经验。从引进二代 M310 技术到推出二代改进型的 CPR1000、CPR1000+ 技术，再到开启三代 ACPR1000 技术研发，直至成功掌握了“华龙一号”三代自主技术。在此过程中，中广核的技术能力形成了“研发—建设—反馈—改进”的螺旋式循环，并始终保持与国际新技术、新标准的接轨和同步。

目前，“华龙一号”的国内示范工程——防城港核电厂二期工程建设进展顺利，国产化率可达到 86.7%。凭借良好的安全性与性价比，成功迈向英国市场，泰国、肯尼亚、印尼、南非、土耳其、哈萨克斯坦等国也对“华龙一号”技术表现出强烈兴趣。

4. 实现核电站神经中枢“中国造”

核电站的运行涉及 300 多个系统、近万套设备，它们由数字化仪控系统（DCS）精确控制，保证核电站安全可靠高效运行。作为核电站的“神经中枢”，DCS 的重要性不言而喻。核级 DCS 技术复杂、质量标准严、鉴定要求高，长期以来被美国、日本、德国等国外供应商垄断，我国一直依赖进口。

核级 DCS 核心技术不能突破，核电站“神经中枢”就无法摆脱受制于人的局面，我国就难以真正实现核电装备的自主化。为打破这一瓶颈，2005 年，中广核与和利时集团以混合所有制形式设立合资公司——北京广利核系统工程有限公司（简称“广利核”），致力于核电 DCS 的自主研发。

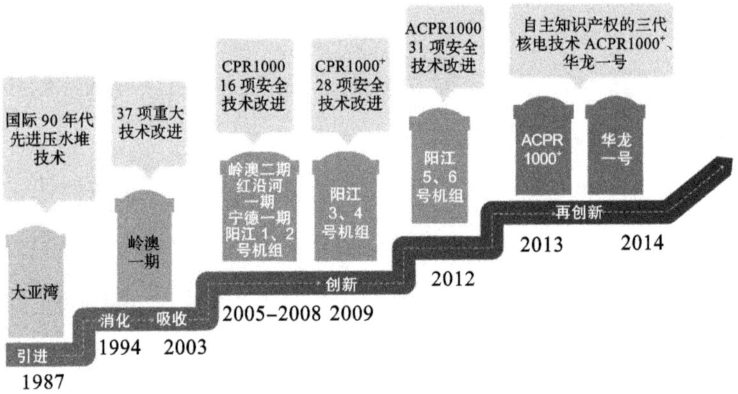

在国家科技部、能源局、核安全局等相关部门的大力支持下，依托国家 863 计划课题、国家重大专项课题的研究，以及国家能源核电站数字化仪控系统研发中心的建设，广利核攻克了多项核心技术难题，2010 年发布了我国首个具有自主知识产权的核级 DCS 系统——和睦系统（FirmSys），填补了国内空白，使我国成为全球第四个掌握该核心技术的国家。

研发过程中，研发团队与国家相关主管部门通力配合，逐步补充、完善国家及行业标准，先后主持和参与编写国家及行业标准 20 余个，围绕和睦系统共获得专利 130 余项，软件著作权 150 多项，发表论文 180 篇。先后获得省部级科学技术奖 6 项，专利优秀奖 1 项。

和睦系统具备可靠性高、安全性好、通用性强等特点，产品价格具有较强的国际竞争力，获得了国内、国际同行及专业评审机构的广泛认可。2016 年 7 月，产品通过了国际原子能机构（IAEA）独立审评，拿到了进入国际市场的“入场券”，成为我国装备制造业领域的重大里程碑事件。

和睦系统广泛应用在国内多个在役机组的改造和新机组的建设中，实现了从第二代核电技术到第四代核电技术的应用全覆盖，包括阳江核电站 5、6 号机组，红沿河核电站 5、6 号机组，“华龙一号”示范工程防城港 3、4 号机组和中核田湾核电站 5、6 号机组，以及华能石岛湾高温气冷堆核电站示范工程等。

除核电外，和睦系统还可广泛应用于航空航天、石油化工、高铁等高可靠性领域，商业前景广阔。

5. 引领未来的前沿创新

科技实力决定企业可持续发展的竞争力。顺应未来的科技发展趋势，中广核瞄准技术前沿，围绕核电及其他清洁能源技术，持续加大研发力度。

瞄准先进核能技术

小型核反应堆是国际核能发展的重要方向，具有安全性高、体积小、用途多、换料周期长等突出优点。中广核自主开发的海上小型堆ACPR50S技术纳入国家能源科技创新“十三五”规划，单堆热功率为200MW，在全寿期40年内，可为海上油气田开采、海岛开发等领域提供可靠、稳定的电、热和淡化海水，也可用于大功率船舶提供动力。

在成功研发“华龙一号”的基础上，中广核积极投入第四代先进核电技术研发。第四代核电技术的安全水平更加卓越，经济性更好，核燃料利用率更高，废物产生量更少。铅基快堆是第四代核电技术的发展方向之一，以熔融的金属铅或铅铋合金为冷却剂的快中子反应堆，可在常压、高温条件下运行，可以更有效地提高铀资源利用率，增强反应堆的安全性。中广核联合中科院及国内外数十家科研单位，在铅基快堆的型号研发、关键技术与设备、新型材料等方面已取得一定进展。

核燃料是核电安全的关键和源头。事故容错燃料（Accident Tolerant Fuel，ATF）是为提高燃料元件抵御严重事故能力而开发的新一代燃料系统，可从根本上提高核反应堆安全性能，抵御严重事故，是近50年核燃料领域的一次重大技术革命。我国能源革命行动计划中明确了ATF研发任务并设立了重大科研专项，中广核负责牵头十多家企业和科研机构开展联合研发，目前进入应用研究阶段，预计2030年前后实现商用。

紧跟数字化、信息化、智能化发展的大趋势，探索应用先进 IT 智能手段降低核电站建设和运营成本，打造智慧电厂，提升竞争力。工程方面，采用数字化设计系统模拟核电站建造全过程，大幅减少了设计变更。设备方面，采用智能制造技术有效减少关键设备交付延误和优化库存。运营方面，采用巡检和维修机器人实现少人或无人化操作，利用基于人工智能的故障预先诊断技术，有效降低设备管理成本。

领跑我国光热发电技术

太阳能光热发电与光伏发电相比，具有连续、稳定输出的特点，可以弥补光伏发电的各项短板，具有成为基础负荷电源的巨大潜力，行业发展前景良好。我国在该领域起步较晚，光热发电尚属于朝阳产业。

历时三年建设，2018 年 10 月 10 日，中广核新能源公司在青海德令哈成功建设了国内第一座 50 兆瓦光热发电商业示范项目，这是国家能源局批准的首批 20 个光热示范项目中第一个开工建设、目前唯一并网投运的项目，也是我国电力行业首个获得亚洲开发银行低息贷款支持的电站。我国由此成为世界上第 8 个掌握大规模光热发电技术的国家。

项目位于青海省海西蒙古族藏族自治州德令哈市的戈壁滩上，采用了槽式导热油集热技术路线，配套 9 小时熔融盐储热，由太阳岛、热传及蒸汽发生系统、储热岛、发电岛四大部分组成。太阳岛集热器由 25 万片（共 62 万平方米）反光镜、长达 11 万米的真空集热管以及跟踪驱动装置等组成，场面浩大、蔚为壮观。它们可以像向日葵一样跟踪太阳的转动，把热量源源不断地收集起来。当光照不足时，存贮的热量可以继续发电，有效保障地区电网的稳定性。

在突破技术壁垒的同时，还成功摸索出一系列高海拔寒冷地区的光热项目技术实施方案，开创了全球光热电站冬季低温环境下注油的先例，极大地缩短了建设工期。在项目建成的同时，打造了一支具备 EPC 管理能力的人才队伍。

依托该项目，中广核获批建设了国家能源光热研发中心，成为我国光热发电领域唯一的国家级研发中心，目标是整合光热发电产业链资源，实现关键技术及产品自主化和产业化。研发中心将结合示范项目现场实际运行情况，开展性能提升研究及相关试验；依靠现有硬件条件，搭建仿真平台，逐步提升自动化运行水平；新建或改建部分装置，搭建试验台架，为国内外产品提供工业级验证平台；总结项目设计、建设、调试、运维各阶段经验，完善标准化体系。

坚持示范项目建设和技术标准建设“双引领”，2018 年 9 月，全国太阳能光热发电标准化技术委员会审查通过了由中广核新能源主编的光热发电技术标准体系。为表彰德令哈项目在推动中国光热事业发展中做出的突出贡献，2018年第五届中国国际光热电站大会授予该项目“示范项目推动奖”。

布局海上风电技术研发与示范

中广核风电业务发展速度和质量均处于行业内领先水平，尤其是海上风电业务，实现了我国业内的“五个第一”：参与了国内第一个大型海上风电项目——上海东海大桥10万千瓦示范项目建设；自主开发建设了我国首个符合“双十标准”的海上风电项目——江苏如东项目；开工建设了国内难度最大的海上风电项目——福建平潭30万千瓦项目，国内单体容量最大的海上风电项目——广东阳江南鹏岛40万千瓦项目；成功中标了法国及欧洲首个海上漂浮风电示范项目——法国大西洋格鲁瓦Groix项目，成为国内首家进入漂浮海上风电技术领域的企业。

在项目建设的同时，科技工作也在稳步跟进，先后开展了近海风机大直径嵌岩单桩基础设计施工关键技术研究、海上风电设施腐蚀防护体系综合评价方法研究和“海上风电工程结构整体动力响应分析及整体优化研究”，完成了“海上风机选型数据库平台建设”“降低风机设备变频系统故障率研究”等课题任务。这些技术，为正在建设的海上风电项目提供了有力支撑。

漂浮式海上风电技术是一种新概念技术，相比固定式的海上风机，可利用的海风资源更多，在中国及亚太周边地区也有巨大的市场空间。2016 年 7 月，中广核欧洲能源公司成功中标法国漂浮海上风电先导项目——Groix 项目。该项目将由四台单机容量 6MW 的漂浮式海上风机组成，项目总容量 24MW。这是法国也是整个欧洲范围内首次进行的规模化漂浮海上风电示范项目招标，对未来海上风电行业和漂浮海上风电技术的发展有着重大意义。法国政府给予本项目 20 年的固定电价补贴和优惠融资支持。通过中标该项目，中广核率先布局漂浮海上风电市场，可以更好地积累和掌握项目开发及投资经验。

海上风电助力能源转型

江苏和广东都是电力消费大省，在电力结构向低碳清洁转型过程中，除核电外，海上风电是另一个关键突破口。

2016 年 9 月，中广核江苏如东海上风电示范项目正式投入运营，总装机 15.2 万千瓦，年上网发电量 4 亿千瓦时。如东海上风电场是我国第一个满足“双十”要求的海上风电场（真正意义上的海上风电场要求离岸超过 10 公里，水深超过 10 米），离岸距离 25 公里，水深 15 米，建设难度很高。

如东海上风电项目攻克多项世界性难题，实现了国内外海上风电建设 7 大创新，取得 8 项科技成果证书，荣获“2017 年中国风电产业 50 强——十佳优秀风电场”。作为示范项目，如东海上风电项目的成功投运，为我国海风发展的行业标准制订、上网电价确定提供了重要参考，提振了国内海风建设的信心。

2018 年 9 月，我国迄今为止一次性核准单体容量最大的海上风电项目——广东阳江南鹏岛 40 万千瓦项目实现核准并顺利开工。中广核正在通过发展海上风电，进一步助力广东、江苏、浙江、福建等沿海省份的能源转型。

【随文探析】

改革开放以后，“以市场换技术”的政策对我国引进先进技术，快速提升装备制造水平，起到了积极的促进作用。但是，很长时间以来，由于我国一些行业、企业对这条技术路线形成了较强的路径依赖，始终未能转换到自主创新的发展轨道上。谁都知道创新的重要性，但是面对创新需要的高投入及可能带来的风险与不确定性，许多企业还是选择了放弃，致使这些企业长期处于低水平的竞争与发展局限中。

科技无止境，创新无极限。科技创新虽然是一条漫长曲折的发展道路，但也是缔造核心竞争力的必由之路。像核电这种技术密集型、人才密集型、资金密集型、装备高端化的高门槛行业，虽然没有更多加入者带来的竞争压力，但作为事关国家核安全及影响核工业发展水平的特殊行业，如果不能自主掌握核心技术，就会受制于人，丧失主动权。

中广核从最初的技术引进过渡到自主创新，虽然用了30多年的时间，但是渐进式的创新实践活动却从未停止过。强烈的自主意识使中广核在技术上没有得上对外“依赖症”。在“消化—吸收”期间，中广核就一直在为自主研发创新做准备，通过扎扎实实地培育自身的创新能力，为日后开启自主创新之旅积蓄力量、集聚资源。这也是为什么在下决心自主研发三代核技术时，能够充满自信，没有因为质疑而止步不前。

世界一流企业，不能仅仅是规模第一，更重要的是拥有一流的技术和产品。以打造世界一流清洁能源集团为目标，中广核通过构建完备的创新体系，整合创新资源，加大创新投入，建立有效的创新机制，大力培养创新人才，建立高效协同的创新产业联盟，使科技创新成为推动企业发展的强大引擎。“华龙一号”、和睦系统、核电机器人、等离子体危废处理技术等科技成果的不断涌现，就是中广核自主创新、缔造核心竞争优势的有力见证。

第四章

规范治理　高效管控

中广核是从广东核电合营有限公司这个母体中孕育出来的，当同时代的很多企业还在探索市场化运作时，中广核已经按照现代企业制度，建立了制度化、规范化、市场化的管理体系，并培养了一批在改革开放、现代企业制度中成长起来的管理队伍。这种超越时代的实践，构成了中广核的集团化管控精髓。

无论是发展核电还是拓展新产业，组织体系从单一到复杂，大亚湾时代形成的管理思想和经验都始终贯穿其中，并跟随业务发展和形势变化不断创新提升。

党的十八大以来，按照中央全面深化改革的相关部署，中广核积极争做改革“排头兵”。2014 年制定了“投资型总部、板块化发展、分板块上市”的改革策略，推行研发创新、实体经营和资本运作“三位一体”的发展方式，构建了“三层架构、三类发展、两级管控”的“三三二”组织管理体系，形成了“小总部，大产业”的发展格局。同时，以上市公司治理为标杆，按照“规范治理、逐级授权、分类管控、独立监督”的思路，在集团和产业板块两个层面不断完善现代企业制度。

1. 组织管理的变迁

1985 年 1 月 18 日，广东核电投资有限公司和香港核电投资有限公司在北京人民大会堂签署合营合同，成立了改革开放初期国内最大的中外合资企业——广东核电合营有限公司，注册资本 4 亿美元。

核电合营公司成立后，专注于大亚湾核电站投资建设，并通过港方整体引进了国际先进的企业管理体系，包括制度化的管理体系，独立审计等管理方式，成为我国最早引进建立现代企业制度的企业。这些在当年看起来特立独行的做法，奠定了中广核企业管理的思想基础和制度基础。

1994 年大亚湾核电站建成投产后，国务院决定以大亚湾核电站的中方股权为基础，按照公司法组建中国广东核电集团有限公司，公司董事会当年正式运作。

此时，中广核承担着“以核养核，滚动发展”的战略使命，但由于我国核电发展思路尚未完全明确，加之多元化经营的流行，中广核加入了多元发展的大军。到 2002 年，业务涵盖了金融业、房地产、商业、高新技术、社会服务业和常规电力等六大产业。这一阶段，总体上处于集团化管理的探索期，但大亚湾的管理理念和做法被很好地传承了下来。

2004 年，国家明确提出“积极发展核电”，中广核随即调整了发展目标，突出核电业务，专注打造核心竞争力，同时着手调整、退出与主业无关的业务。成员公司数量从最多的 90 余家收缩到 40 余家。

2010 年以来，中广核进一步聚焦战略，形成了核电、核燃料、新能源、产业金融等四大业务板块，设立了核技术、环保等新业务公司，奠定了如今的集团化、板块化发展的主体框架。

2013 年年底，中央出台《全面深化改革若干重大问题的决定》，就国企改革提出“以管资本为主加强国有资产监管”等一系列重大举措。中广核迅速响应，成立了全面深化改革领导小组，对集团总部定位、现代企业制度建设、管理方式、国际化发展、电力体制改革等方面问题进行了深入研究，对自身的优势和差距有了更加清醒的认识，提出了更高、更远的组织创新目标。

2018 年，中广核被国务院国资委先后授予落实董事会职权试点、国有资本投资公司试点、创建世界一流示范企业，三家成员公司入选国企改革“双百行动”企业，成为唯一同时获得国企改革“两试点、一示范、一行动”的中央企业。中广核正在结合新一轮改革要求，以国有资本投资公司改革为主线，以世界一流为目标，进一步深化管理体制机制改革，将集团管理水平提升到一个新高度。

2. “三三二”集团管控架构

企业集团的架构设计，受产业背景、成长经历、发展阶段、企业文化等多重因素影响，这既有对自身经验的历史传承，又有与时俱进的创新调整。

近年来，中广核在“投资型总部、板块化发展、分板块上市”的改革导向下，积极推行研发创新、实体经营和资本运作“三位一体”发展，细化了核电、核燃料、新能源、产业金融板块化运作方案。通过构建“三层架构、三类发展、两级管控”的“三三二”架构体系，形成“小总部，大产业”的发展格局。

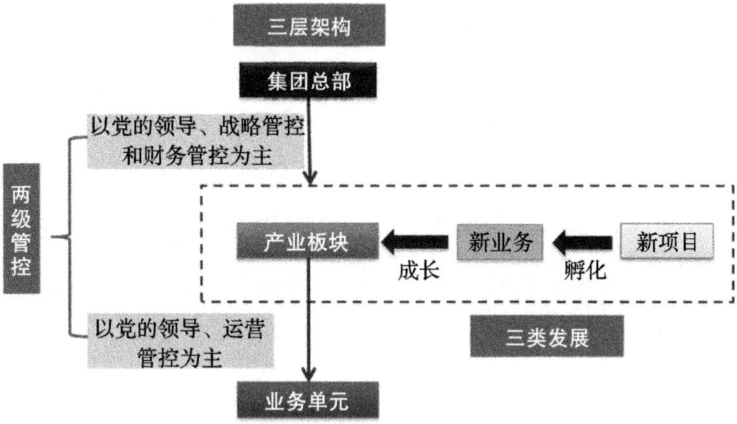

集团“三三二”架构体系示意图

三层架构：集团总部定位为资本投资平台，承担股东赋予的使命，是战略投资中心和资本配置中心，以管资本为主；

产业板块定位为产业利润中心和经营发展平台，管资产，核心是保值增值；业务单元是业务运作中心，管生产，核心是安全生产和价值创造。其中，关系密切的业务公司归到一个业务群公司。

三类发展：按发展阶段将业务划分为产业板块、新业务和新项目三类，建立可持续发展的业务组合，按照业务发展阶段和成熟度，在匹配资源、治理授权、考核激励等各个方面实行差异化、精细化管理。

两级管控：建立集团总部对产业板块，产业板块对下属业务单元的两级职能管控体系。总部对板块实行党的领导、战略管控和财务管控，板块对业务单元以党的领导、运营管控为主。这样，通过“职能上移、业务下沉”，进一步压缩管理链条，提升管控效率。

在“三三二”架构体系中，中广核认为做实板块公司、给予其充分的经营授权是关键，也是打造国有资本投资公司的基础。而集团总部则要强化职能部门的专业能力，实现财务、招投标、信息技术等部门的资源共享，加强计划、法律、人事、研究等部门对重大问题决策的支持。

3. 规范的董事会治理体系

现代企业的治理要义是实现决策权、经营权和监督权分立制衡，满足股东利益和相关利益方的诉求。国有企业管理实践中，如何加强与完善董事会建设，建立有效的现代企业制度一直是探索把握企业、政府、市场三者关系的主线，直至今日仍然是国企改革的主要内容，中广核对此有深切体会。

现代企业制度的先行者

广东核电合营有限公司（以下简称“合营公司”）从创立开始，积极引进国际先进管理经验，包括按照现代企业制度规则建立起“董事会授权下的总经理负责制”。

合营公司董事会是最高决策机构，规范行使董事会职权，坚持董事规范运作，每季度一次的董事会提前三个月安排，董事无故不得缺席，会议议题的准备、记录、决议、督办全部流程都有规范的界定。构建以审计部为核心的内部控制体系，审计部独立对董事会负责。

可以说，中广核在建设我国大陆首座大型商用核电站的同时，为国有企业建立现代企业制度做了有益尝试，以此为起点，逐渐积淀管理经验和管理文化，在现代企业制度建设上始终走在前列。

全面推进成员公司董事会建设

随着集团业务领域的不断拓展，各业务特点不尽相同，中广核从 2013 年开始，提出对成员公司的管控从“行政管控向治理管控转变”。

治理管控、行政管控从概念上可理解为“治理”和“管理”。在母子公司管控上，治理和管理相辅相成，公司的治理结构是管理体系设计的基础。董事会和股东、监事会、经营层以及董事之间等治理关系本身需要管理。股东、董事、总经理的权责和决策受到法律和管理的约束，如财务管控、战略管控等不同模式下，对成员公司董事和董事会可有不同的授权和管理。

中广核认为，对成员公司采取治理管控模式，对集团发展有着积极意义。短期看，有助于促进集团总部实现从“直接管业务、管资产”到“利用董事会平台管资本”的角色和职能转变；有利于促进集团决策链条更加清晰、规范，防止政出多头，减少集团总部对成员公司“下雨式”“上下机构一般粗”等行政干预，提高成员公司作为独立经营主体的积极性。长远看，有助于集团逐步形成现代化的大企业、大集团运作体系，更好地融入资本市场，向“世界一流”迈进。

为此，中广核开始进一步梳理并优化集团管理体系。首先，明确集团总部的管理定位，坚定不移地实施战略管控。总部层面重点管住、管好全集团的党建、战略、干部、财务（含投融资）、科研、考核和大监督（审计、安质环、监察）。这几件事必须是集团亲自部署决策，必须体现并严格执行大股东意志。

2014 年之后，中广核明确成员公司治理管控的导向。上市公司董事会完全按照监管规定组建和运作，非上市公司参照上市规范执行，全面推广独立董事、专职董事的席位设置。

2015 年之后，中广核对成员公司的董事会进行分类管理。全资公司不设董事会，只设执行董事。控股和有绝对控制权的公司，简化董事会，据情况派出专职董事。共同控制的公司，派出能确保战略落地的职务董事。充分市场化的公司，逐步引入外部董事。

同时，全面建立董事会议事规则，对董事会职责、决议机制、决议落实等环节进行了规范界定，确保董事会对企业重大事项决策的机制科学、合理、有效，避免“两张皮”运作。通过做实成员公司的董事会，牢固支撑“三三二”管控架构。

率先推行成员公司专职董事制度

相对于外部董事、独立董事，专职董事是中国特色。主要是指股东委派到所投资的公司专门行使董事职责的人员，目前主要在大型国企里推行专职董事制度，是国企改革中优化公司治理结构的最新探索。

相比较而言，专职董事来源于企业内部，是企业为了强化母子公司管控、优化治理结构而设计的内部管理机制。“专职”可以使得董事或董事长本人能够从更为独立客观的角度看待企业的问题，能更好地维护母公司的利益。相对兼职董事，更有充足的时间和精力来深入了解成员公司，可以在董事会议题表决中更好地发挥作用。

中广核是较早推行专职董事制度的中央企业，2008 年就试行了专职董事制度，从集团内公开选聘具有优秀职业操守、良好专业能力和丰富管理经验的人员作为专职董事，保障成员公司董事会的履职和决策能力。每位专职董事担任 2 ～ 3 家公司的董事或董事长，不在集团内担任其他任何职务，薪酬由集团公司承担，不在成员公司领取任何报酬。专职董事制度的实行，对推行成员公司的规范治理和科学授权，创造了有利条件。

发挥好专职董事制度的作用

目前，中广核内部许多优秀的经营管理人才在退居二线的时候，逐步加入了专职董事会队伍。他们具有宝贵的一线经验，熟悉企业内外部情况，有充足的时间和精力，而且也能够从更为独立客观的角度看待企业的问题，维护集团利益。

近年来，专职董事在成员公司治理中发挥了积极作用，不乏在重要的投资案中行使否决票。例如，某子公司在主业经营效益没有达到预期的情况下，管理层决定发展其他副业，但是该副业与集团的战略定位相悖。于是，集团派出的专职董事坚决投反对票，避免了该公司业务发展的战略风险。

为确保更好地履职，在集团层面明确了专职董事的归口管理部门，建立任职前的专项培训制度和履职考核制度。要求成员公司对专职董事提出的信息资料及时反馈，保证专职董事履职。成员公司专职董事长列席集团公司的总经理部会，助力成员公司落实集团战略。

4. 透明高效的授权管理体系

大型企业集团管理的关键是如何处理总部与子公司关系，这实质上是对总部集权与子公司分权的平衡把握。授权管理是行之有效的管理工具，有助于明确各责任主体之间的权限边界和协同关系。

授权的制度化管理贯穿始终

授权管理是企业“依法治企”的基石，也是实现现代公司治理的基础。在公司的组织结构里，每一层级的权力均应来源于授权体系，授权管理是权力的合法保证。合理的授权管理可以避免因决策范围模糊而出现的任意行为，最大限度地实现企业“法治”，而不是“人治”。

授权管理是中广核进行集团化管控的一大特色。翻开 1985 年广东核电合营有限公司的档案，其第一次董事会就审批通过了《合营公司授权规定》。通过参考合营方香港中华电力公司在授权方面的实践经验，这份文件明确规定了董事会与总经理部成员之间的权限划分，将“董事会授权下的总经理负责制”真正落实下去。因此，中广核人自豪地说，从诞生之初，中广核管理就带着“法治”的基因。

1994年集团公司成立后，中广核进入了发展的快车道，核电站一个接一个地建立，核电版图不断扩大，相关多元化业务的逐步发展壮大，更加注重传承授权管理文化。2012年，《集团公司治理与授权规定》《集团公司管理授权规定》首次发布，各成员公司授权规定随之调整。中广核将授权管理体系打造为集团强有力的管控手段，走在我国企业管理实践的前列。

授权管理体系特色鲜明

中广核的授权管理经验丰富、特点鲜明，明确了公司授权管理过程应当符合“合法合规、责权对等、风险可控、逐级授权、相互制约”的原则，授权的内容需全面覆盖公司治理和经营管理的重大事项。

首先，中广核自上而下建立了完整规范、具体细致的权力清单。通过《集团公司治理与授权规定》，明确集团公司股东会、董事会、董事长和总经理在集团范围内重大事项的权限划分，作为向下细分授权的权力基础。通过《集团公司管理授权规定》，在董事会对总经理的授权范围内，进一步明确总经理、副总经理和部门负责人的权限划分，按照集团公司业务和成员公司业务细分为数百个事项的权限划分。同时，通过《集团成员公司授权类议案管理细则》，规范不同业务特点和发展阶段的成员公司在具体事项上的授权，进一步明确集团公司与成员公司董事会、总经理在具体事项上的权限划分。

这些规范文件上下衔接，保障管理权限的有序传递，同时文件在中广核内部公开，适用范围的员工均可随时查阅。既保证了“权力在阳光下运作”，又鼓励了干部员工干事创业的积极性。

其次，建立了授权动态调整机制，避免授权管理成为摆设。其中，在贯彻落实“三重一大”决策要求方面，中广核参照了自身授权体系的分类制定方法，在“三重一大”决策制度里收录了 93 项事项，保持“三重一大”事项决策要求（平台）与《集团公司治理与授权规定》《集团公司管理授权规定》等决策体系有机衔接，各有侧重（决策机构基本一致），不断丰富完善授权管理体系。

第三，适应集团母子公司型组织体系，按照权力的传递路径制订了三层授权制度体系。第一层为集团公司治理与授权规定，由公司董事会审批；第二层为集团公司管理授权规定，由总经理办公会审批；第三层为各成员公司管理授权规定，也由总经理办公会审批。既做到了有效贯彻上级管控意志，又充分调动下级单位的积极性，实现了管控和效率的协调。

第四，建立综合授权管理强化管控点，改变传统的财务审批权限划分做法。与以“金额”为标准的授权模式不同，参考香港联交所上市规则的“五项测试”[①]标准，实施分类放权和动态调整，将授权和管理成效、投资收益挂钩，赋予成员公司自由度和灵活性，同时确保有效的风险管控。

这套管理授权体系，确保了审批过程的权责匹配到位，实现了审批流程的可视化，提高了审批效率，强化了风险监控，真正落实了重大事项集体决策和分级负责要求。

5. 独立的内部监督体系

要实现国有资产保值增值，在快速发展的同时，必须做好风险管控，为企业的稳健发展保驾护航。中广核在财务监督、内部风险控制、党风廉政监督等方面形成一些特色做法。

盯紧管好“钱袋子”

缺乏强有力的财务管控能力，企业不仅谈不上发展，而且很可能埋下重大隐患。对于国有企业而言，在坚守财经纪律、讲规矩的基础上，更要实现国有资产的保值增值，财务管理的监督职能和专业化服务能力至关重要。

从建设大亚湾核电站开始，中广核就开始采纳国际先进

① “五项测试”是香港联交所《上市规则》中用于确定上市公司关联交易（包括收购、投资、资产处置、采购与销售等）是否需披露、申报及股东批准的判断条件。其核心是通过定量指标判断一项交易对公司的整体经营情况的影响程度，从而确定其重要性。如一项交易适用于多项测试，则以测试比率结果最高值计算。

的财务管理和合同管理模式，利用合同管理、招投标制度、承包商资质评审、按里程碑支付等手段有效地控制了工程投资。其中，1985 年我国首张“手签”支票从大亚湾核电站签出，从彼时起，确保支付安全就成为中广核各级财务人员脑中时刻紧绷的一根弦。

近年来，财务管控方面抓住管人、管事两个关键，一方面打造优秀的财务线干部人才梯队，不断加强财务人才的培养和选派力度；另一方面推动资金管理一体化、资金集中管理和债务融资管理、债务风险管理。不仅达到集团资金管理整体效益最大化的效果，而且强化了资金管控能力，在保证安全性的前提下，满足了流动性和收益性的要求，确保集团的财务安全和健康发展。

同时，为了适应国际化和市场化发展需求，中广核进一步强化对总会计师的管理、财务干部的选拔与储备、任职资格与培训，要求财务负责人必须懂国内和国际业务，同时做好服务和监督。努力培养一批忠诚度和专业度够格的财务骨干充实到成员公司的重要财务岗位，建立财务共享中心，全面加强财务的管控能力和专业化服务能力。

“一体两翼”的财务管控模式

中广核创造性地提出“一体两翼”的财务管控思路，财务垂直管控力度迅速增强、有效解决企业高速发展中财务管理面临的散、慢、粗、乱等问题。

集团公司总会计师牵头，将财务战略、预算与成本、资本与投资、税务和分析等聚集在集团公司财务部，形成财务职能管控的“核心主体”，以财务公司的“金融财务”和财务共享中心的“共享财务”为延展，形成集团公司财务部对金融财务和共享财务管理上伸展的“两翼”。通过“一体两翼”管控，使经营财务、金融财务和共享财务形成专业化分工的同时又相互协同。

在这一模式下，财务部负责财务战略与规划、资本与投资管理、预算与分析评价、税务统筹与优化、财务体系管理等工作，集中精力建好制度、订好目标、管好资源、做好反馈，层层落实企业战略，促进经营目标的实现。

财务共享中心负责全集团会计核算，做到“制度统一、流程统一、标准统一和财务信息平台统一”，及时发现与纠正日常核算业务中的不规范问题，每季度向各单位发送“管理建议书”，从核算端促进财务管理改进，强化财务监督，实现有章可循、规范管理。

财务公司通过资金集中管理，在有效保证集团资金安全的基础上，提高了资金使用效率，降低了融资成本，创造了财务增值。

通过“一体两翼”的财务管控模式，对于新设立或并购的公司可以通过财务公司和财务共享中心迅速实现财务管理复制，节约融合成本，简化机构和人员，实现快速整合。

扎牢防风险的篱笆

中广核从创立就建立了特色鲜明的内部审计监督体系，促进企业稳健发展。核电合营公司成立初期，就设立了总审计师制度，强调内部审计工作的独立性和权威性，要求审计对董事会直接负责。香港中华电力公司作为小股东，派出财务、审计负责人员，在保障内审的独立监督地位的同时，兼顾了股东利益的均衡。

多年来，中广核始终坚持审计部门的独立性、权威性和客观性。内部审计机构负责人由董事会聘任，行政上接受总经理部的领导，业务上独立工作，并直接向董事会负责。这种内部审计的管理模式和定位，从体制上、制度上保证了内部审计机构的独立性和权威性，确保了内部审计监督评价能够及时、到位。

目前，中广核进一步强调内部审计监督与服务并举，推动内审从传统的"纠错纠偏功能"向"免疫功能"转变。要求审计在揭露公司内部控制中存在的弱点，积极提出改进建议，强调审计工作要寓监督于服务之中，要做到一审二帮三促进，充分发挥内生的整体效益。

从全面风险管理，到"双十"风险管理制度

全面风险管理是对内部控制的拓展和延伸，与企业的战略更加密切相关。2006 年，国务院国资委发布《中央企业

全面风险管理指引》。中广核按照上级要求，参照国际风险管理标准，开始打造具有自身特色的整合风险管理职责体系、风险管理制度流程、风险管理信息系统三位一体的全面风险管理体系。

2014年，中广核全面风险体系已经覆盖了所有的二级成员公司。在全面风险管理方面，中广核注重风险管理与战略管理、PBA深度融合，在战略规划修订、PBA制定实施过程中加大风险分析识别，提出防范策略，真正遵循了“创造并保护价值”的风险管理原则。建立投资项目重大风险检查表，切实提高了投资风险评估和评审的有效性。同时，将投资风险评审嵌入投资决策流程，实现投资风险评审流程化和信息化。

实践中，中广核结合业务发展特点，通过识别当期不行动就会对集团发展造成重大影响的风险事件，建立集团十“控”和十“看”风险（简称“双十”风险）管理制度，并实行动态管理，关闭一个、增补一个。

针对识别出的“双十”风险事件，分别制定控制目标和控制措施。战略规划部每月向集团公司总经理部月度例会汇报“双十”风险控制情况，并纳入集团风险监控月度报告。各产业板块和业务公司也按照集团的统一要求，识别各相关领域的十“控”和十“看”风险，并定期评估更新。

落实董事会风险管理职责，强化风险管理与审计、内控等职能联动。进一步明确董事会风险防控职责，要求板块

（公司）董事会或董事会下设的审计与风险管理委员会审议、监督“双十”风险事件管控情况，并将“双十”风险管理作为董事会管风险的重要抓手。

筑牢反腐倡廉防线

中广核始终高度重视党风廉政建设和反腐败工作，制定了全面从严治党“三个责任”清单，明确和细化党委的主体责任、纪委的监督责任、全体领导干部的共管担责责任，层层抓落实，不断推动全面从严治党向纵深发展。构建完善纪律监督、监察监督、巡视监督和其他各类监督有机结合的大监督工作格局，一体化推进“不敢腐”“不能腐”“不想腐”。

建立健全“三重一大”集体决策、监事会管理、民主生活会、领导干部履职待遇与业务支出、领导干部重大事项报告、薪酬管理等制度程序，强化对“一把手”的监督制约。持续完善各职能管控领域的制度程序，并充分运用科技化、信息化手段，实现“制度 + 科技”的无缝衔接，将反腐败工作要求嵌入权力运行的全过程和各方面，实现流程标准化、清晰化、可视化管理，确保制度立起来、执行到位。

加强对集团各级党组织和党员领导干部履职用权的监督，把纪律挺在前面，坚持纪严于法，严格依据六项纪律衡量党员干部行为，执纪必严，违纪必究，让党员干部增强纪律规矩意识，知敬畏、存戒惧、守底线。同时，主动适应国家监察体制改革，坚决配合依法惩治违法腐败案件。

坚持政治巡视定位，有效运用常规巡视、专项巡视、机动式巡视和“回头看”等方式，构建巡视巡察上下联动监督网，盯住被巡视单位党组织、党员领导干部实施监督，强化问题整改，完善制度，推动改革，促进发展。

把纪委监督与党内其他监督有机结合起来，与审计监督有机结合起来，与民主监督、群众监督、舆论监督有效贯通起来，构建严密的监督网，健全监督体系。

招标中心，让采购活动更加规范、高效

2017 年 4 月，中广核在集团层面成立招标中心，负责强化集团招标管控，实现供应商集约化管理，推进互联网 + 电子商务，确保招标采购合法合规，降低廉政风险。

招标中心首先强调“规范”，开展了“五规范一监管”活动，实现了 100％统一收开标、全封闭评标；重建了集团评标专家库，培训 5120 多名内部专家，实现了评标专家随机抽取；深化应用采购监管平台，利用大数据等技术，实时监控采购业务过程并对风险点实行预警，实现了由“人防”向“人防 + 机防”的转变，做到提前预防、及时发现、妥善处理。其次强调“高效”，通过建设集团统一电子采购系统，实现全流程电子招评标。集团境内控股公司实现

了采购业务的标准化、规范化和集约化，平均招标时间由38.5天降至23.1天，80%的招标项目评标时间压缩到1天以内。

依托信息化平台，对集团供应商实行统一管理。在核电板块推进供应商互评互认，统一对重要供应商开展100%的源地评审工作，对供应商的技术能力、财务状况、质保体系等进行全面审查，彻底解决集团供应商“只管用、没人管”的问题。

6. 从制度化到流程化

制度化建设是许多企业反复强调、始终在做的工作，但是在实际效果上多流于形式。但在中广核，制度文化却深入人心，从起步就重视管理的制度化建设，目前进一步延伸到管理的流程化建设，企业的执行力显著提升。

凡事有章可循

大亚湾核电站开工后建的第一个建筑就是文件档案馆，专门保存从法方引进的技术文件和制度。建设期间及投运后，更是要求所有管理人员、技术人员严格地按照技术要求、规章制度来进行运作，按照现代化企业的管理制度来进行管理，实现了中广核制度建设的“高起点”起步。

此后，制度建设成为了中广核现代企业制度建设的“基础工程”，工作程序的制度化成为企业规范管理的基础，制度在中广核树立了绝对权威。目前，中广核定期发布集团管理政策，该政策作为全部制度体系的基本准则，明确了集团共性管理的基本原则，规范母子公司之间的主要管控关系，发挥着制度的作用。

近年来，在制度管理专业化、标准化的基础上，中广核持续推进制度建设的信息化和动态优化，形成了涵盖集团公司层面、母子公司管控层面和成员公司自身规范三个层面的制度体系，各类制度之间相互衔接，层次分明，管理逻辑顺畅。

建立三层制度体系

目前，中广核的制度体系分为三个层次，全面覆盖了企业的管理活动和日常工作。

第一层是集团公司治理规范，依据国家法律法规、集团公司章程和战略规划制定，明确集团公司治理机制、政策和综合性管理体系要求，是集团管理体系的基础文件。

第二层是母子公司管控规范文件，是集团对母子公司的管控规则和管理要求，按照文件功能定位不同，进一步细分为“制度、制度实施细则、管理标准”。

第三层是各公司自身的规范文件，包括集团公司工作程序和成员公司规范文件。其中，集团公司工作程序用于各部门职责划分以及内部业务活动的管理要求，通常以“规定”“程序”命名。

同时，中广核实施制度程序体系归口管理，建立集团层面的制度类文件统一编制、跨部门的体系文件审查、审批发布和维护机制，并对成员公司重要制度进行审查备案，确保制度的必要性、合理性、规范性和编写质量，保障制度落地。

让制度“跑起来”

如果说制度化是企业规范化的第一个标志，那么流程化就是在制度化的基础上的管理提升。通常，大型企业集团的跨部门协调费时、费力，但流程化管理可以使跨部门工作有章可循，有助于消除部门之间的重叠，打破部门、岗位之间合作的壁垒，减少部门之间职责不清、互相推诿的情况。

近年来，中广核进入高速发展阶段，年投资规模高达数百亿元，对企业管理能力和决策效率提出更高要求。于是从2014 年开始，中广核着手启动流程化建设工作，按照从职能驱动向业务驱动转变的原则，要求打通各类障碍，将管理制度通过流程化落实到具体工作中。目前，中广核在中央企业总部中首个建立“体系管理部”，实现了流程体系与相关管理体系的集成管理。建立了符合自身业务特点、支持总部基于国有资本投资公司和母子公司治理模式的流程管理。

流程化的关键环节

中广核全面推行管理制度化、制度流程化、流程信息化，提出“没有流程的制度不审批”。对于工作程序类的制度，原则上能用流程形式表达的，不再出版规则制度，而是用流程文件来呈现。

通过对现有制度体系进行大量的分析，进一步完成制度程序体系与业务架构和流程的融合对接。在设计流程时融入内部控制的理念，按照内控要求事先梳理业务风险点，然后在流程中设计了控制措施，并建立了个性化的 KPI 指标体系和流程信息化运行监控的方法，强化了风险管理。

在集团公司层面梳理端到端流程业务，用信息化手段实现职能流程和端到端流程运行、监控，实现对流程运行有效监控和管理的可视化。目前，中广核能够同时从流程效率和合规角度进行监控，管理者可以在流程管理展现的业务地图中看清哪个部门、谁在做什么、怎么做，从而提高总部运作和母子公司管控的效率。

【随文探析】

国外多元化大企业，通常是对外讲竞争，对内讲专业分工、协同和授权，所采取的基本组织体制是事业部制；对下管控以管理管控为主，总部与事业部的关系是行政管理组织关系，不是独立法人关系，少数源于法律要求必须为独立法人者，通常也被集团公司或者总部完全控制。

与国内大多数大型国企一样，由于改革进程、资本市场规则等客观历史原因，中广核的基本经营组织体制是母子公司体制。母子公司体制在鼓励业务子公司独立经营方面有一定优势，但也存在容易管理失控、协同不够、法律和利益关系复杂等问题。

中广核解决这个问题的对策是治理管控与管理管控并举，解决办法是“三三二”的管理架构和健全子公司的治理结构。前者解决了既充分授权，又有效管控的管理架构问题。后者解决了母子公司体制下的管理实施问题。

中广核的集团化管理之所以高效，关键在于中广核在长期管理实践中练就的自适应能力，不断夯实制度化、流程化、精益化的基础管理和管理文化，以及培养锻炼出来的一支高素质的管理团队，将党的领导、公司治理和行政管理有机融合，并将各项管理举措真正落到实处。

第五章

“三化”运营　高端稳定

核电厂因涉“核”，在运营技术能力和管理水平方面，比常规电厂要求更高、更严。中广核从大亚湾核电站起步，秉承“安全第一，质量第一，追求卓越”的基本原则，如今已成为全球性第三大核电企业，在运核电机组 22 台，安全生产屡创佳绩，运行业绩持续创优。

特别是“十二五”以来，中广核顶住了新机组密集投产的挑战，确保 17 台新机组安全投入商业运行，总体运营业绩进入全球先进行列。岭澳核电站 1 号机组连续 14 年无非计划停堆，保持同类型机组连续安全运行天数的全球最高纪录。

这得益于中广核以“1930”① 运营管理高目标为牵引，

---

① “1930”内涵：“1”是指安全第一，业绩一流，效益一流，成熟机组 50%以上的 WANO 指标达到世界前 1/10 水平；“9”是指成熟机组平均能力因子达到 90%以上；“3”是指成熟机组平均大修工期（剔除十年大修）控制在 30 天以内；“0”是指成熟机组非计划自动停堆次数为 0。

建立了一套高效运营管理组织体系。该体系以“专业化、标准化、集约化”的“三化管理”为路径，以“成熟机组高端稳定、新机组顺利投产、各基地业绩快速一致”为核心任务，以“三层三线”为组织保障，以对标一流为重要举措。

在这一体系中，“三化管理”居于核心地位。通过选择专业化模式，充分发挥资源集约效应，有效解决了快速发展与资源制约之间的矛盾；通过推进标准化，缩短了新建项目的学习曲线，使既有核心能力迅速转化为生产力；通过相互对标并共享最佳实践，加快了核电站建设前期准备进程，核电安全运营业绩迅速提升，在实现自我成长和发展的同时，也为社会经济发展做出了重要贡献。

1.“三化”管理是关键一招

进入“十二五”，岭澳、红沿河、宁德、阳江、防城港等多个核电基地进入机组批量投产高峰期，中广核平均每年投产 2 ～ 3 台核电机组。从单厂到群堆，从群堆到群厂，运营管理涉及的区域、层级与复杂性不断加大，高素质、专业化、经验丰富的技术和管理人员相对短缺。如何确保成熟机组高端稳定、新机组顺利投产、各基地业绩快速一致，成为必须应对的挑战。面对重压，中广核在国内首创核电运营管理“专业化、标准化、集约化”模式，并将

“1930”作为核电运营管理目标，对影响关键业绩指标的因素层层分解，有针对性地制定业绩提升的领域、目标和行动计划。

实行“三化”管理的目的是确保核电厂安全、稳定、可靠、经济运行。其中，专业化是加速核心能力成长，提升机组安全质量水平和业绩的关键途径。标准化是发挥成熟基地“种子队”作用，把能力和经验快速复制和输出到新基地，实现各电厂安全运营业绩同步提升和快速一致的重要手段。集约化是避免资源重复配置，提升机组经济性、实现运营整体价值最大化的重要方式。

2015 年以来，随着宏观经济形势的变化，国内经济发展进入新常态。为进一步深化“三化”管理，转换发展方式，提高发展质量，中广核组织开展精益化专项战略，在保障机组安全的前提下，充分发挥群厂的规模优势和集约效应，有效控制度电成本，提高机组竞争力。

分工专业化

核电厂交由专业公司负责运营管理，即核电厂的运行、维修、技术等核心业务由专门从事核电厂运营的专业化公司来承担。专业化公司通过统一的规则、标准、方法和要求实现管理标准化，通过资源配置优化实现资源集约化，在确保安全的前提下，以较低的成本实现规模效益，并培育和提高核心竞争力。

配置标准化

基于标准化的流程，采用要求一致的管理政策、制度、流程、方法、工具和标准，建设标准电厂，建立运营管理标准化体系，从而形成较为一致的价值观和行为模式，为多电站业绩同步提升、成本下降创造了条件。同时，按照先试点总结、再全面推广的方式，对核电运营管理的最佳实践达成共识并予以固化，通过复制予以推广，进行持续反馈和改进。

资源集约化

对核电厂运营相关的资源进行集中管理，搭建集约化运作平台，统筹调配和使用优势资源，提供技术支持和服务，在提升经济性的同时，实现最大程度的人才发展规模效应和技术发展的乘数效应。资源共享既包括人、财、物、产、供、销等核心资源，也包括信息、环保、保安、应急、社区等外围资源，以及适用性良好的技术或知识。

业务精益化

精益化不是简单的降成本，是在夯实安全生产的基础上，提质增效，实现安全保障、成本控制和资源调配的协调统一。其重点是通过改进组织、精炼流程、优化资源配置、创新技术、推进信息化等方式，消除不增值的活动，实现各业务全寿期成本最优，度电利润行业领先，人均创利居行业前列，有效控制经营风险，持续提升安全和经营效益。

2. 让专业的人干专业的事

实施专业化的第一步就是分工，明确哪些人是专业的人，哪些事是专业的事。中广核按照核电运营管理中不同活动的业务特点，对运行、大修、技术管理等生产活动进行分类，明确基地公司和平台公司业务定位，避免资源重复配置。

基地公司是核电站执照主体，专注于机组的稳定运行和安全生产，落实核安全和质量管理责任，按照电厂安全生产全功能配置，建立运营业务管理和决策能力。基地公司与专业化平台公司之间，签订专业化的服务合同。

平台公司提供维修、设备管理和技术支持的共性服务。其中，运营公司负责大修、备件、生产准备、培训、核应急等专业化业务；苏州院负责设备、工改、性能、老化、计量、核安全研究等技术支持服务；研究院负责科技研发、批量工程改造等；广利核负责中长期数字化仪控改造等技术支持与服务。

打造核电站大修“特种部队”

将电厂一部分业务整合到专业化平台上集中运作，可以实现优质资源的共享、分散需求的整合，提升市场化意识和服务质量，加快人才技能提升，发挥规模效应。大修管理是中广核专业化运营最成功的管理实践之一。

核电站大修不但是一个复杂的生产过程，也是一个复杂的组织过程。除了要系统地培训大修人员，使之具备符合要求的技能水平，更需要通过严谨有序的大修计划进行安全、质量、工期的全面控制和偏差管理。

2012 年，中广核整合专业维修力量成立运营公司，负责群厂大修的总承包。由于核电厂持有核设施运行许可证，承担核安全直接责任，并按要求配置了维修人员。因此，在大修总承包的初期，谁负责指挥，责任如何划分等不明确，还处在“摸着石头过河”阶段。

为了落实大修专业化战略，通过不断的实践摸索和磨合，中广核提出“业务有分工、责任一体化、岗位负责制、联合实施”的大修组织模式，通过“五个一体化”来落实。责任接口一体化，不分人员来源，岗位决定职责，按电厂员工开展工作安排及接口管理。授权一体化，大修组织机构人员由大修经理确认资质，主管大修副总经理批准后发布。指挥一体化，按照大修管理流程一体化指挥，各专业责任经理全面负责本专业大修工作。办公一体化，大修指挥部、大修计划组、各专业大修负责人与各专业重大项目组等大修关键决策执行机构集中办公。考核一体化，共同担责、各负 100％责任，激励与考核标准统一。

一体化模式倡导“共同担责”的理念，强调电厂与各专业化平台不应过度划分责任，确保目标的一致性。对于大修关键岗位，如大修经理、副经理、核岛经理、常规岛经理、主线计划工程师等岗位，业务平台和电厂根据实际情况和意愿协商确定，让最适合的人担任最重要的岗位。业务平台所派人员由电厂统一授权、统一管理、统一考核，建立逐级负责的大修管理一体化责任团队和体系。

宁德核电站大修的一体化实践

2014 年，宁德核电站 1 号机组迎来首次大修，宁德公司负责大修指挥，运营公司以承包商身份负责合同范围内的大修任务。由于指挥体系不顺畅，业主方的专业力量还在培养，导致专业化能力没有达到预期目标，大修工期长达 91 天。

此后，中广核有针对性地提出并实施一体化大修组织模式。2015 年宁德 2 号机组首次大修，采用了一体化组织模式，大修工期缩短到 67.25 天。2017 年宁德 4 号机组首次大修工期进一步减少至 54.2 天，成为国内同类型机组首次大修最优工期。这种模式的优势在群厂大修实践中得到充分验证。2018 年的红沿河 4 号机组首次大修，创下了 52.7 天的当时国内同类机组首次大修最优工期等纪录。

集中力量管好关键设备

帕累托法则指出，在任何特定群体中，重要的因子通常只占少数，只要能控制具有重要性的少数因子即能控制全局。核电界统计数据也表明，影响核电厂的安全与生产可靠性的系统总是集中于某些系统上，设备可靠性管理需要把主要精力集中在其中关键的少数上。

设备可靠性管理体系按照重要度，将设备分为四类，即安全敏感设备、生产敏感设备、允许故障后修复的设备以及其他的非关键设备，前两类被称为关键敏感设备（简称 CCM 设备）。大亚湾核电站投产初期，设备故障导致较多的停机停堆事件，对提升核电安全运营业绩提出了严峻挑战。因此，大亚湾在 1998 年成立了设备管理处，核心任务是管好关键敏感设备，以失效模式分析为纽带，于 2008 年建立了一套围绕 CCM 的设备可靠性管理体系。

中广核针对识别出的关键敏感设备，搭建专门的管理平台，建立完备的特征指标体系，通过管理措施避免系统功能丧失、设备失效和部件损坏。此外，还开发了可视化的关键敏感设备可靠性时钟，将每台核电机组最近一次的关键敏感设备缺陷显示在大屏幕上，使所有员工都能清楚地了解最新设备状况。

阳江核电站为避免工程遗留的设备缺陷在机组商运后带来高成本的缺陷，建立“不可达、不可维修、不可更换设备”设备清单，使这类设备缺陷尽早地在工程阶段被发现、处理，提高机组商运后设备可靠性，丰富了设备全寿期管理实践。

2012年以后，为适应核电站群厂管理要求，苏州院按照集团“大技术部”定位，牵头构建群厂设备管理体系。2018年，以确保重大设备全寿期安全可靠运行为目标，进一步建立了“8+1”重大设备管理体系。

“8+1”重大设备管理体系

“8+1”重大设备包含主泵、汽轮机、发电机、柴油机、主变压器、重要泵组、蒸汽发生器、凝汽器和“冷源”系统，这些领域的资深专家数量较少，各核电站分布不均衡，倒逼着以设备为中心推动机制创新。为此，集团要求核电股份公司履行好统筹管理职责，建立起合理、高效的设备管理管控和协同机制，强化运营、工程经验反馈闭环管理。

苏州院承担群厂“8+1”重大设备管理直接管理责任，建立和维护群厂设备管理体系和技术平台，承担集约化业务，集中优势资源统筹调配，解决重大共性技术问题。各核电站承担“8+1”之外的其他关键敏感设备管理责任。运营公司承担设备大修和抢修责任，提供设备管理所需的技术支持。工程公司承担工程建设阶段的设备质量责任，重点群厂运营阶段重大经验反馈，不留“后患”。研究院承担设备重大改造责任，负责中长期技术改造和重大改造文件准备。广利核承担中长期数字化仪控改造责任。

从关键敏感设备管理到“8 +1”管理，体现了中广核一以贯之的理念，就是把主要的精力和资源集中在其中关键的少数上，确保重大关键设备和重要敏感设备可靠。为了给“8 +1”重大设备配备管理“掌门人”，中广核从全集团技术大拿中层层选拔、优中选优，目前已各就各位。

3. 全面推进标准化运营

标准化是企业科学管理的重要方法之一。在企业快速发展过程中，基于标准化的“复制”或“克隆”过程，可以保证企业的经营管理模式在发展中的一致性和纯粹性，以最少的投入获得最大的经济效益。

建立标准化管理模型

中广核根据国家标准化法规条例有关规定，对标借鉴了美、法、英等国核电运营标准化管理实践，提出了运营标准化 OPST 管理模型，即组织与管理（O)、程序与流程（P)、知识与技能（S)、技术与工具（T)，基本覆盖了核电生产管理的主要内容。

“O”包含用什么样的组织和管理方式去实现安全生产的目标，“P”包含用什么样的方法（工序）去实现目标，“S”包含员工需要有什么样的能力才能实现目标，“T”包含实现目标需要有哪些工具和技术。

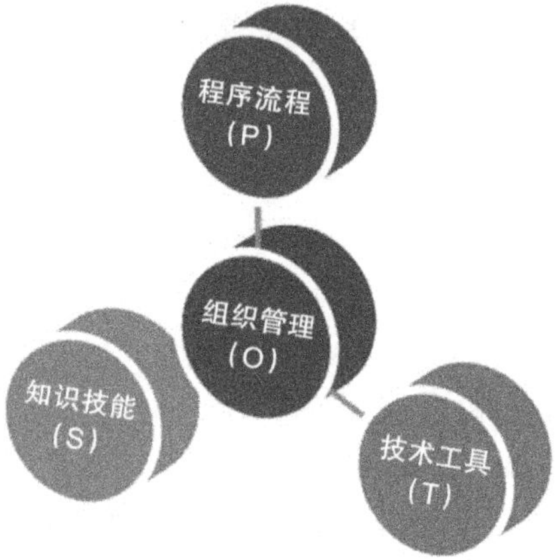

在全面分析和总结经验的基础上，进一步提炼核电生产准备、电站运营管理这两大核心领域的关键要素，并以标准化产品、流程的形式予以固化，使之具备可复制、可衡量的特性，并加以推广和持续改进，从而在核电规模化发展的过程中促使新机组运营实现高起点，取得质量和效率的双赢。

中广核在推进标准化管理时严格遵循两大原则，即严格执行、鼓励创新。前者是指经过严格技术流程控制制定的标准，必须在适用范围内严格执行。后者是指不在发布标准范围内或现有标准不能包含的管理实践、技术活动等，鼓励各单位进行管理创新，经过实践检验成熟的可升级为标准。

OPST 标准化管理模型

基于 OPST 标准化管理模型，中广核建立了标准化管理的重要工具和平台，发布了制度程序，明确各单位职责和业务分工，确保标准化有效落地。

组织与管理方面，建立群厂人力资源标准化模型、发布基地公司标准化机构方案，核电站各种委员会、日常生产、大修、技术、设备管理等组织机制基本一致。

程序与流程方面，群厂日常生产管理、大修管理、备件管理、设备管理、经验反馈等主要业务流程实现标准化，有效地提升了电厂程序质量，预防了因程序质量问题而导致事件的发生，大幅减少了程序维护人力成本。

知识与技能方面，群厂执照人员培训与考核、重点维修领域专家级设备专工资质认证制度等工作也遵循同一套管理体系。

技术与工具方面，核电站生产管理平台、群厂文件变更管理平台、群厂运营信息管理平台等也实现统一规划、统一评审、统一预算和统一开发。

此外，中广核积极建立“华龙一号”三代核电标准化正向设计方案，从示范项目切入，结合工程建设的经验反馈，逐步形成设计、采购、施工、调试及生产准备为核心的“标准化实施方案”，支撑三代机组批量化建设。

生产准备标准化

生产准备是核电厂在投入商业运营前，与设计采购、施工安装、调试启动等工程建设同时进行的一项重要工作。生产准备标准化是将生产准备各阶段的任务、工作流程等按照标准的管理模式进行运作，通过建立标准化的制度和产品，实现生产准备管理和技术经验的移植，促进核电新项目快速组建和高效运作。

生产准备标准化具有多项优势，包括满足跨地域、跨技术路线、跨投资主体的核电站生产准备需求；通过采用标准化产品和服务，使后续新项目充分利用前期项目的生产准备经验和成果；优化生产准备各阶段组织机构及人员的配置，加快人才培养，降低生产准备成本；有利于核安全文化在新基地的系统传承。

目前，中广核已经建立了生产准备的标准化体系，形成了一系列技术和管理规范性文件，实现在区域运营范围内各电站生产准备管理政策、管理规定、技术标准、工作流程的统一。

运营管理标准化

在时间顺序上，生产准备标准化与运营管理标准化是两个紧密衔接的不同阶段，后者是对前者工作的有效传承。开展运营管理标准化工作的目的，是通过标准化的语言、制度和实践，形成同一种管理体系和文化，而不会因地域或公司治理结构的不同，造成安全生产核心价值观的差异。

运营管理标准化涉及两方面工作。首先是形成标准，选定一个“标准电站”，确定其组织、运营管理、工作实践方面的要求，作为核心业务领域的管理规范和作业规范的集合。其次是标准的推广应用和发展，通过移植、复制与适当的本地化调整，将上述规范应用到各运营基地，形成在共同价值观引领和共同实践基础上的经验反馈机制，完善、提高、发展这些标准。

中广核的实践证明，标准化是快速提升安全和业绩水平，实现各电厂业绩同步提升的主要手段。通过对新基地实施标准化移植工作，减少了生产准备人员投入，降低了电厂建造成本，新机组投运后安全运营业绩表现良好。

4. 资源集约创造增量价值

顺应我国核电规模化发展形势，中广核积极推动核电运营的集约化管理，在核电站备件管理、技术支持、统筹培训等领域，提供集中、高效、低成本的支持与服务，取得了显著成效。

备品备件集约，共享共用

大亚湾核电站的设备基本是从国外全套引进，来源于不同国家和厂商，备件管理难度很大。早在 1990 年，大亚湾核电站开发了首个备件管理信息系统。2000 年，完成了备品备件信息记录和保存，制定了库存物资编码规则管理程序。2012 年，在大亚湾核电站丰富的备件管理与技术经验的基础上，中广核设立了群厂备件中心，对各个电厂的备件进行统筹管理，并创建“战略备件共享联盟机制”，建立了高效的群厂备件管理体系。

备件集中管理并非是将所有的备件都统一管理，而是从风险和价值两个方面综合考虑，并结合实际情况来确定统一管理备件的范畴。核电站生产系统所需备件可以分为三类：战略备件、重大敏感设备备件、常规备件。战略备件是指那些价值较高、消耗周期长备件。例如，发电机转子造价高昂，如果所有核电站都储备一个，将是一笔巨大投资浪费。但是，如果不储备，万一发电机转子出现问题，至少损失半年的发电量。

因此，中广核通过战略备件共享联盟，统一管理重大战略设备。各核电站可以共同出资，委托备件中心储备一个转子，费用均摊，任何一个核电站都可以调换使用。实现备品备件集约化管理之后，一方面大幅减少资金占用，降低资金成本；另一方面，储备的备件品种更加全面，有效降低缺货风险。

生产运营物资共享及支持平台

中广核建立了生产运营物资共享及支持平台，覆盖了全部在运核电机组相关的50多万项物资，实现了备件编码规则、备件编码、备件质保分级和备件数据库的“四统一”管理。

备件数据库不仅记录核电站每一台设备、每一个备件的型号参数，对应的功能位置，现场的安装数量，关联厂家的图纸等各种详细技术信息，而且记录备件的储存等级、验收方式、厂家参考号、对应的生产厂家、供应商等商务信息。备件共享机制落地以来，通过集中采购，共享保障，有效降低了单位机组库存备件。

技术能力集约，一体化支持服务

中广核通过建立应急支持、核电站辐射防护、化学控制、环境保护等专业化平台，发挥资源集约效应。

从2008年起，中广核依托大亚湾核电站应急管理的经验，组建应急技术支持中心，培养专业化的应急管理和专家队伍，形成应急标准化产品。目前，应急支持中心在人员和设施设备上，能够对核电基地在日常和事故期间的应急工作提供充分的技术支持，包括应急专家支持、专项技术支持与服务等。

建立了辐射防护中心，集中力量研究辐射防护前沿技术，为各基地提供有效的辐射防护技术手段。各基地依照辐射防护中心制定的标准运作，并为辐射防护中心提供基础数据与信息。不仅在技术上实现各基地辐射防护管理的标准化、专业化，同时达到了合理配置资源、降低人力成本和设备系统费用的目的。

建立了化学环保中心，集中研究解决化学、环境领域的重大生产技术问题和重点共性难题、组织实施有关试验项目和重大技术改进并予以推广，有效减少各基地的研究负担，同时增强自主创新和综合研究能力。

5.“三层三线”组织管控

为落实“三化”战略，实现对核电业务有效管控，必须建立与集团发展阶段、管理资源、业务属性、配套的组织保障体系。

在借鉴良好外部经验基础上，中广核明确了群厂生产管理组织构建的“四个有利于”原则：一是有利于“三化”落地；二是有利于协同效益发挥，实现运营“一盘棋”；三是有利于运营能力提升；四是有利于运营重大问题解决，确保核电机组的安全稳定与经济运行。

按照“四个有利于”原则，中广核结合自身管理现状，构建了“三层三线”运营组织管控模式。

“三层”包括决策层、管理层和协调层。决策层是核安全最高决策机构，负责群厂重大核安全事项决策。管理层包括群厂日常、大修和技术项目组，按照授权统筹协调本领域的生产资源，发现偏差和持续改进，推进流程和技术标准化，实行项目经理负责制。协调层功能领域组（PG）构成，功能领域组是业务领域的横向矩阵式运作组织，是强化横向管理与联系的纬线，PG组通过“项目式”的运作，加强不同单位之间的配合、信息沟通和交流，实现良好实践推广和经验共享。

“三线”包括管控线、监督线和评估线。管控线由专设的运营管理部门，履行群厂安全生产管控职责，负责“三化”管理以及以“三化”为核心的群厂安全生产业务管理，运营标准化规则的制定推广及持续改进，生产资源协调和重大分歧项协调，群厂重大共性技术问题管理以及经验共享。

监督线负责构建核电运营领域的安全监督体系，监督检查核电站安全管理政策执行的符合性和有效性，为运行管理提供协助和支持。目前，监督线形成了核电股份公司安全质量管理部门、核电站安全质量管理部门、现场安全监督队伍三级的内部安全监督体系。

评估线由专设的核安监中心，负责对核电站的业绩独立评估，加强集团总部对核电站的安全监督职能，提高安全监督的独立性和权威性；并定期组织和邀请国际同行开展安全评估，督促提升自我管理水平。

“三层三线”组织管控模式，在核电站“纵向”职能管理基础上，强化了总部“横向”的专业管理，破除核电站各自为政的壁垒，通过“纵向”保稳定，“横向”促发展，有效解决在跨法人治理和运营管控模式下，板块、电厂、平台公司之间横向协同不足的问题，显著提升了中广核的安全生产业绩。

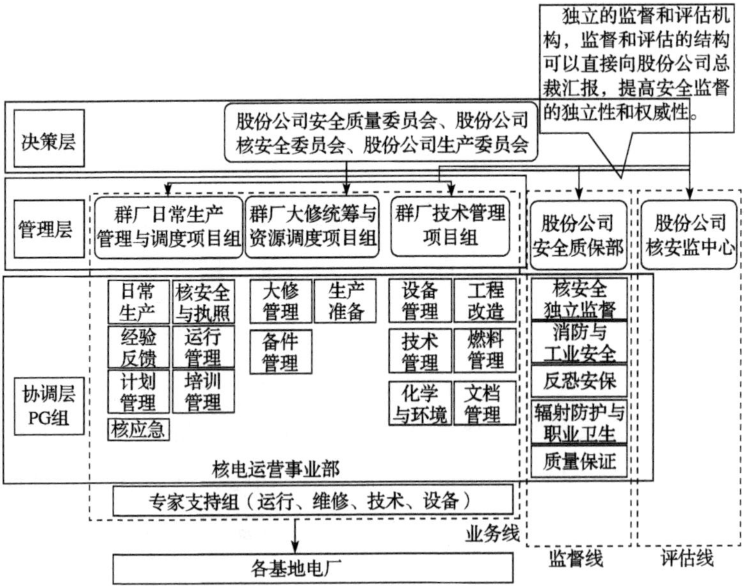

中广核对此有一个形象的阐述，“三层三线的组织运作模式，就像扎钢筋，只是纵向扎是扎不牢的，形成矩阵，才能稳固”。

6. 对标世界一流

对标先进、追求卓越一直是中广核的优良传统。从大亚湾核电站起步，中广核人就不甘于现状，不甘于平庸，向最好的老师学习，借鉴并吸收国际上最成熟有效的经验和做法，寻找自我提升的最优路径，用最短的时间实现跨越式发展。

对标管理，有章有法

核安全无国界。1979 年美国三哩岛事件发生后，美国成立了核电运行研究院，推动各核电厂之间经验反馈和交流，并成为提升美国核电安全运行水平的权威机构。1986 年切尔诺贝利事故发生后，世界核电营运者协会（WANO）于 1989 年成立，搭建全球核电安全运行的经验交流和信息共享平台，并组织全球范围内的同行评审。

中广核充分认识保持与外部对标和学习核安全的重要意义，从大亚湾核电站建设开始，就构建了“对标先进、持续改善、不断超越”的长效管理机制，不断寻求与国际、国内同行广泛对标学习，从中吸收有益的知识和经验，并制定了《集团对标管理标准》，持续提升对标管理的规范性和体系性。

持续开展对标的同时，中广核也积极开展各种形式的外部评审活动，请国际专业权威机构来“挑毛病”。2002 年，

WANO 在同行评审及跟踪评审中指出，人员行为的改善是核电站面临的最大挑战。中广核据此制定了运行、维修、工程技术人员的行为规范，并扩大到各领域，设计并推广使用人因工具卡，建立了防人因行为训练中心，在管理巡视中加入对人员行为的观察，大幅减少了因人员不良工作行为导致的事件。

2015 年，WANO 在对宁德核电基地评审中，发现该基地存在核安全文化弱化的倾向。中广核对此高度重视，立足核安全文化建设开展全面整改，对责任意识、保守决策、主动学习等薄弱环节采取针对性改进措施，实现了安全管理业绩和管理水平的显著提升。2017 年 WANO 回访中，培训领域、经验反馈领域分别获得同行业最高评分，被 WANO 赞誉为“标杆领域”，运行值绩效观察评估获同行业“历史最好”评价，中广核以实力得到了国际认可。

对标八步流程法

经过多年实践，中广核在核电运行管理领域，形成了特色鲜明的“对标八步流程法”，制定了对标范围全面系统、对标内容循序渐进、指标选择科学量化和对标流程动态闭环的工作细则，注重差距背后的原因分析及改进措施制定，并通过将改进措施融入计划考核体系。

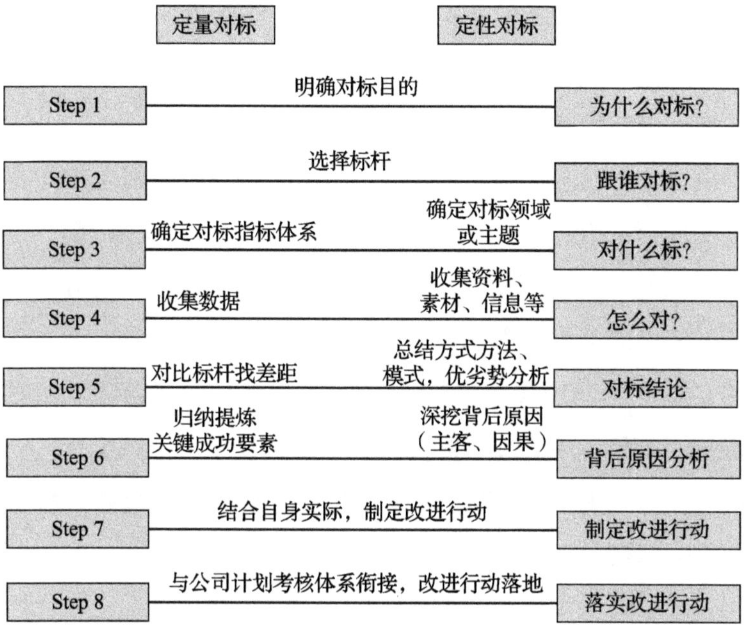

对标改进，久久为功

中广核以建设世界一流核电运营企业为目标，选取国际核电行业最具权威性的 WANO 业绩指标开展国际对标工作。同时，逐步扩大对标范围，与其他区域性核电运营组织建立对标体系。只要有利于提升运营水平，也积极开展国际对标工作。

2003—2006 年，中广核的对标主要集中在与大亚湾核电站的参考机组——法国核电机组进行管理对标，选取的标杆企业为法国电力公司，重点是加强对法国核电站管理程序的吸收，以整体提升电站的 WANO 指标水平。

2007—2008 年，在 WANO 指标整体进入世界中间水平后，增加了美国 EXELON 公司作为对标对象，对标范围扩宽到设备管理、人因管理等领域。

2009—2011 年，又增加了韩国 KHNP 公司，将对标范围扩展到战略计划、绩效考核、工作流程等管理领域。

2012 年，随着中广核从群堆管理进入到群厂管理，集团公司层面成立专设的运营管理部门履行群厂管理职责，组织开展群厂 WANO 业绩对标工作，推动核电运营业绩持续提升。此外，中广核在对标核电行业先进企业的基础上，还进一步将对标工作扩展到具有相似属性的其他全球标杆企业，以期获得更为广泛的知识输入。

近年来，中广核在受邀参加 WANO 有关培训、维修管理等的各类研讨活动中，介绍核电站管理的良好实践，为同行提供了有价值的参考和借鉴。展望未来，中广核将继续坚持对标一流、追求卓越，向最好的老师学习，向最高的标准看齐，不断从对标中汲取经验和智慧。

【随文探析】

如果说核安全是中广核的一块金字招牌，那么独具特色的核电运营“专业化、标准化、集约化”管理体系，则是让这块金字招牌熠熠生辉的内在驱动力。

“三化”管理是中广核在博采众长的基础上，针对核电规模化发展、多基地运营的管理创新，旨在通过高效率的统筹管理提高效益，同时也闯出了一条适合我国核电发展规律和自身特性的运营管理之路。

“三化”管理的突出之处在于，通过提升专业化的功底和功力，形成高质量的运营能力，确保“安全第一、质量第一、追求卓越”；通过实施标准化管理，缩短了新建核电项目的学习曲线，将既有的专业化能力迅速、高效地复制到各个专业运营平台，从而以“裂变”的方式产生能力的乘数效应；通过资源、能力与人才集约，有效解决了快速发展与资源制约之间的矛盾，从而以“聚变”的方式使企业的发展能力聚合为企业的发展能量。

建立“三层三线”组织管控模式，破除了各个运营实体各自为政的壁垒，解决了在跨法人治理和运营管控模式下，各板块、电厂、平台公司之间横向协同不足的问题，助力“三化”改革落地。

中广核的生产运营管理方法，不仅适用于核电企业，也能为其他生产型企业运营管理提供极具借鉴价值的实践经验。

第六章

AE 模式　精品工程

核电是质量要求最为严格、技术最为复杂的民用工程之一，代表着一个国家的整体工业水平。改革开放以来，我国核电工程建设取得了举世瞩目的成就，整体迈入世界先进行列。

中广核作为我国核电建设的主力军，30 余年不间断、高质量建设了一批核电项目，形成大亚湾、红沿河、宁德、阳江、台山、防城港 6 大核电基地，其中 22 台核电机组投运，6 台机组目前在建。创造了多项世界纪录，包括：一年 6 台新机组开工，同时在建 16 台机组；长期保持在建机组数量和在建规模全球第一；阳江核电 4 号机组创造了 52 个月全球同类机组最短建设工期记录；台山核电 1 号机组建设进度超越先期开工的芬兰和法国 2 个 EPR 项目，成为全球首台商运的 EPR 核电机组。

这一系列精品工程，是中广核以核电强国为梦想，用辛勤与汗水浇筑出来的累累硕果；也是中广核坚持自主化和国产化方针，大力推进核电工程技术创新和工程管理方法创新，打造核电产业集群和生态圈，形成独具特色的 AE（Architect Engineering）[①] 工程管理模式所取得的成果。

1. 奠定我国核电工程现代管理基础

与美国、英国等老牌核电强国不同，法国、日本、韩国等核电后起之秀的成长路径都是先从技术贸易出发，再逐步过渡到国产化、自主化，我国核电发展之路与此相似。

1983 年，国家召开核电技术政策论证会，确定了走压水堆技术路线，主要采用百万千瓦大型压水堆技术，并决定走技贸结合、成套引进与自主研发相结合的技术发展路径。

1996 年，国家计委再次明确核电发展“以我为主、中外结合、引进技术、推进国产化”的原则，并提出了百万千瓦大型压水堆技术的“自主设计、自主制造、自主建设、自主运营”目标（简称“四个自主”）。中广核坚决贯彻落实

① AE 是中广核向国际先进核电工程公司借鉴的一个概念，旨在打造能够为核电工程进行系统设计、对建造和项目管理全过程运作的强有力市场主体。

“引进—消化—吸收—再创新”方针，大力培养自主工程建设能力。

高起点起步，引进国际先进管理体系

长期以来，全球大型商用核电站的设计、研发及工程建造一直被极少数国家垄断。大亚湾核电站建设从零起步，在引进法国压水堆技术的同时，着手引进国际先进的核电工程建设体系，包括技术管理体系、核安全和质量管理体系。

大亚湾核电站从设计到建造安装、再到调试运营技术，几乎是完全引进，自主化基本为零，属于典型的成套引进项目。兼备工程管理和工程设计能力的法国电力公司（EDF）作为工程服务商负责工程服务，具体实施项目管理协调和技术支持，承担工程项目管理的总体责任。此外，工程设计、工程建设（建造、调试）和供货也全部由法方负责。

中广核以“干中学”为原则，全面学习外方的工程管理先进经验和技术，中方的工程建设单位在法方的指挥下，承担合同分包项的工程施工。通过大亚湾核电站建设，中广核引进、消化、吸收了核电建设严格的产品和过程质量标准体系，将“核电工程质量是核安全的基础”的理念植入人心。法方严苛的工程管理流程造就了中国最早的一批具有核安全文化基因的工程管理和建造队伍。

中广核认真学习，总结经验，不断完善管理程序，严格岗位责任，实施全员培训，加强业主监督和过程控制。不仅如此，中广核还通过供应或承包合同形式，对合作方质量保证体系提出了高标准严要求，促使合作伙伴提升质量管理水平；加强质量考核机制建设，以考核促进质量意识、质量管理与监督水平的提升。

在实践中快速学习成长

核岛安装是核电站工程建设中的关键路径和核心环节，1988 年法国法玛通公司（FRA）以及 SB 公司与中广核签订了大亚湾核电站核岛安装合同，同时法方与核工业部二三公司签订了核岛辅助管道安装分包合同。

合作刚开始，问题就出来了。由于不同的管理理念和文化，形成了不同的施工模式。法方不认同中方公司的“大兵团、大会战”式的施工方式，实际上，由于中方没有建立起符合国际标准的质量管理体系，导致核岛安装工程不断拖期，不得不将核岛辅助管道安装合同从中方转交给法方承包，中方提供劳务，接受法方管理。

回望这段历史，根本原因是国际现代化工程管理模式与中国计划经济下形成的工程管理模式的大碰撞。我们付出了昂贵的学费，同时也极大地激发起建立现代化核电工程管理体系的动力。今天，包括中广核、二三公司在内的中方核电工程队伍能力已经发生了翻天覆地的变化，成为全球核电工程建设的领军企业。

推进专业化，夯实能力基础

高起点起步的中广核工程人开始搭建自主工程管理的技术和组织体系，在岭澳一期项目上探索“自主建设”。

1997 年，岭澳核电站一期工程开工建设，拉开了我国自主建设大型商用核电站、提升设备制造国产化水平的序幕。作为中国百万千瓦核电技术的引领者，落实百万千瓦核电技术消化、组织实施国产化的实践者和推动者，中广核承担了工程管理和部分设计管理职责，法国电力公司的角色也从项目服务商向项目咨询商转变，为中方提供管理和咨询服务。在这一项目上，中核华兴和二三公司进行了自主施工建造核电站的实践，核电设备装备国产化比例实现了“从 1% 到 30%”的飞跃，尽管核岛和常规岛主设备仍由法玛通和英国通用电气公司提供，但更多的中国设备制造商成为合格供应商，加入了设备供应生态圈。

岭澳一期圆满实现了工程质量、进度和投资控制三大目标，两台机组分别提前 48 天和 66 天投入商业运行，比国家预算节省了近 10%，走好了中国核电“引进—消化—吸收”过程中至关重要的一步。

2004 年，国务院确定了“积极发展核电”的方针，我国核电发展形势开始明朗，岭澳二期项目即将上马。基于对核电发展前景的战略判断，中广核决定走专业化道路，建立一支具有全球竞争力的核电工程管理队伍。

2004 年 2 月，在时任董事长王禹民的亲自推动下，中广核工程有限公司成立（简称“工程公司”）。这是我国首家专业化的核电工程管理公司，整合了大亚湾核电和岭澳一期核电建设锻炼出来的队伍及经验，全面负责核电工程从前期准备到设计、采购、土建施工、安装调试、移交投产的全过程管理，为推进设计建造一体化技术能力和 AE 总承包模式奠定了基础。

工程公司集聚了一支高素质、经验丰富的管理队伍，相当一部分人参与过大亚湾和岭澳一期核电站项目的建设，经历过核电站建设从立项、设计到组织、管理及运营移交的全过程，并在和国外一流工程公司合作的过程中，吸收了国际先进的核电技术和管理经验。这支队伍为中广核后续的核电发展奠定了基础。

以我为主，程序管理

自主工程建设的第一个考验就是建设岭澳核电站。从一开始，中广核就定下了“实现岭澳核电工程管理自主化”的目标，坚决建立自己的管理队伍。

参加岭澳核电站建设的单位很多，从设计、设备制造、土建施工、安装、调试、试运行到商业运行各阶段，技术复杂，各专业各工种相互交叉，各承包商、供应商和业主之间的接口繁多。

为了实施自主化管理，在充分学习和修改完善大亚湾核电站程序管理的基础上，中广核建立了一整套既与国际接轨、又具有中国特色的工程管理体系。这个体系包括三个层次，制定了635份管理程序。

第一层次是公司级政策，主要包括《公司管理大纲》《各级管理权限的规定》《合同与采购手册》及《公司程序体系》等。

第二层次是管理大纲，包括国家核安全局审批的《质量保证大纲》《工程进度计划管理大纲》《工程投资控制大纲》及《生产准备大纲》。

第三层次是工作程序，包括管理程序、设计程序、工作程序、调试启动程序、质量保证程序、财务程序以及审计程序等八大类工作程序。

工程公司实施了严格的质量控制标准和体系，建立了动态的工程协调机制，确保高质量完成了安全、技术、质量、进度和投资五大控制任务，同时主动协助承包商完成了《核岛安装施工组织设计》。

上述系列制度及程序体系涵盖了工程建设的各个阶段和各个领域，使众多的工程建设参与者能够按照统一的运作规则协调行动，也为后续的核电工程建设专业化发展夯实了制度基础。

全面实现“四个自主”

2005 年 12 月，岭澳核电二期 1 号机组主体工程开工建设，拉开了中国核电自主化、批量化建设的序幕。岭澳二期项目被国务院确定为“核电自主化依托项目”，要求必须实现“四个自主”。中广核正式踏上核电自主化之路。

在国家指导和支持下，通过岭澳核电二期工程建设，中广核与兄弟单位通力合作，共同打造提升工程设计、设备制造、土建施工、安装调试等方面的核心能力，设备国产化率达到 64%。在“以我为主、外方支持”的工程设计和设备供货模式带动下，实现了百万千瓦级核电工程设计自主化，形成了中国百万千瓦级压水堆核电自主品牌——CPR1000，总体性能居于国际同类型在役核电站领先水平。

2011 年 8 月，2 号机组正式投产，岭澳核电站二期工程全面建成。五余载时光，不仅创造了当时国际上百万千瓦级核电站建设最低造价和最短工期的新纪录，更实现了我国大型核电站“四个自主”，有力支撑了我国核电规模化发展。同时，也为我国实现具有自主知识产权、达到三代技术水平的百万千瓦级核电型号研发和建设奠定了坚实基础。

在工程建设中，中广核创造性地采用了工程总承包模式，在国内率先形成了现代化的核电工程管理模式，最大限度地发挥了专业化基础上的协同优势。同时，在电站采购上，首次采用了分部件采购模式，对提升工程公司的 AE 能力，降低电站造价起到了重要作用，这些经验被固化并有效复制到后续核电项目建设中。

岭澳二期工程犹如中广核这座大厦的承重墙和重要支柱，其成功建设，有力促进了中广核集团的健康、可持续发展。以此为起点，中广核步入核电规模化发展快车道，相继开工建设了红沿河、宁德、阳江、台山、防城港等核电站，成为国内乃至国际核电建设的领跑者。

2. 首创我国大型复杂工程建设的 AE 模式

面对大型复杂工程建设的挑战，全球顶级的工程管理公司普遍采取 AE 工程管理模式，即工程设计与建造、工程管理一体化的模式。

尽管大亚湾和岭澳核电站高质量的建成投产，但我国的核电工程建设能力依然与国际同行有较大差距，突出表现为总体力量分散，核电工程建设分别依托设计院、设备制造商、建安承包商独立开展工程设计、设备制造、现场建安调试等工作，管理难度大，难以适应核电规模化快速发展的需求。

中广核判断，在未来 5 ～ 10 年内，工程公司如不抓紧时间进行战略发展转型，能力将无法满足多个核电项目的自主化建设需求。为此，提出“打造国际一流 AE 公司的”战略目标，全面掌握核电建设技术，以客户为导向，以保障核安全为根本，以设计为主导，采取设计与建造、工程管理相结合的方式推进工程建设。通过资源掌控、系统集成、组织协同，有效控制安全、质量、成本、进度与风险，促进产业链协同创新，为核电站业主提供工程设计、设备采购、施工管理、调试启动等全过程核电站建造服务或全寿期专项技术服务。

打造设计能力，做实 AE

在国际知名 AE 工程公司的各类业务中，设计业务既是核心，又是龙头。要打造 AE 工程能力，离不开优质的设计能力。

2005 年 5 月，工程公司和广东省电力设计研究院共同出资，组建深圳中广核工程设计有限公司（简称“设计院”）。设计院集聚了全集团的设计研发力量，走出了一条从设计分包、联合设计、自主设计到自主研发，再到正向设计之路。设计公司的成立，补齐了中广核工程建设领域的短板，并通过岭澳二期的工程实践，实现了 AE 能力的跃升。

由于核电系统复杂，国内设备成套设计能力薄弱，工程建设都是按专业设计、按设备采购、按区域施工、按系统调试来实施。2007 年，中广核多基地、多项目、批量化建设任务愈发繁重，按照传统模式管理的设计院与工程公司融合不到位的矛盾显现，包括资源争抢、沟通不畅、责任推诿等问题，急需从“大工程”视野，统筹协调工程设计、采购、施工、调试，提出工程建造最优的系统解决方案。

2008 年，中广核实施了工程公司与设计院一体化运作方案，即真正的 AE 模式。设计院作为 AE 模式的组成部分，按照工程公司内部设计院进行运作，直接进入项目团队，服务整个工程项目管理。

在工程设计阶段，设备采购与成套人员、施工人员和调试人员参与相关设计工作，确保设计成果的可建造性、可实施性、可运维性。例如，设备采购与成套人员在工程设计过程中参与技术规格书的编写，施工人员参与系统设计手册的编制，调试人员参与运行维护文件编写。

在工程施工阶段和调试阶段，设计人员全程参与并提供技术支持，充分发挥设计的引领作用，解决在施工和调试阶段中的设计问题，确保最优设计方案落地。

这种设计建造一体化做法，按照系统论的原则，将设计、设备采购与成套、施工管理和调试启动技术能力进行有机融合，打破了专业板块间壁垒，解决板块间的接口、匹配和标准化问题。不仅保障了工程建设进度，更有效地推动了核电新堆型研发，成为核电技术再创新的重要支撑。

从 D 向 E 转变，发挥设计龙头作用

设计主导、系统集成是 AE 模式最重要的基础能力。在 AE 模式指引下，设计院不只是一个设计者（Designer），也是一个建设者（Engineering），既为整个项目提供核心技术产品——设计图纸和文件，为其他要素提供必须执行和依据

的规范和标准，同时又是唯一贯穿项目全过程的要素。

在 AE 团队中，设计院与其他部门和业主形成了一个整体的团队。在设计院发挥龙头作用的设计阶段，采购、施工、调试各个部门和业主均提前介入设计活动，为设计院提供有效反映下游需求的设计输入，高效解决现场问题。

除了设计工作外，设计院对工作职责进行了大幅外延，主要包括：从项目选址开始承担整个项目的策划工作；为采购、施工、调试等活动提供设计图纸文件和技术规范，技术支持和服务；为项目管理的工程计划、现场管理提供决策依据；为投运项目提供运行文件、技术说明、维修说明，以及技术改造支持。

依托专业设计能力，设计院在按期完成二代加核电项目工程批量化建设设计、AP1000 和 EPR 引进消化吸收任务的同时，还承接了“华龙一号”自主知识产权三代核电技术研发，有效保障了示范工程防城港二期项目的开工建设，以及英国 BRB 核电项目的设计设查工作顺利开展。

目前，设计院已成为具有完整资质和齐全专业的综合性、大型核电设计院，拥有核电站新堆研发、全范围工程设计、在建核电厂技术支撑、在运核电厂技术支持和改造服务能力。

稳打稳扎提升设计业务实力

在打造建设者（Engineering）角色的过程中，设计院通过建造二代加自主品牌核电技术路线CPR1000首堆工程岭澳二期核电站，初步形成了核心能力。到宁德核电站建设期间，已经完全掌握核电工程设计能力，实现了跨越式发展。

2011年日本福岛核事故后，中广核率先在国内提出了应对福岛核事故的31条改进措施，研发出具有三代核电技术特征的ACPR1000技术方案。该技术可以完全应对类似福岛事故等极端情况，并成为福岛核事故后首个获批的技术方案，在阳江核电站5、6号机组开工建设。

通过开展ACPR1000、ACPR1000⁺与“华龙一号”研发，设计院从顶层设计入手，成功实现了正向设计，并按正向工程逻辑开展建设，发挥设计的先行和引导作用以及技术支撑作用，系统提升了核电的安全性、可靠性。

AE担当，深度推进国产化

AE公司是一个平台，目的是引领核电产业生态的发展。为实现核电关键设备和材料自主化、国产化，中广核勇于担当，建立装备国产化技术体系和组织体系。一方面，中广核在消化吸收国外先进技术的同时，大力推进自主创新，逐步提升新建机组的设备国产化率，实现了自主设备采购与成套能力；另一方面，中广核以核电站整体架构技术为引领，以在建项目为依托，带动产业链相关企业形成创新联盟，协同开展技术创新，发展壮大了一批为核电配套的装备和零部件生产企业，为我国全面掌握核岛和常规岛关键设备设计、制造核心技术奠定了坚实基础。

岭澳二期项目建设期间，中广核联合国内 58 家制造企业，成立了设备国产化联合研发中心，极大地推动了国内关键设备制造技术和能力升级，实现了核岛与常规岛主设备全部国产化，受到国家能源局、国家核安全局、中国机械工业联合会的高度评价，认为其“为中国核电设备国产化建立了一个共同发展的平台，为我国核电的产业化发展注入了新鲜的力量”。

中广核与多家成员单位签订了国产化联合研发任务书。在联合研发过程中，面对成员单位生产资源紧张、人员缺失、经验匮乏、能力不足等问题，中广核起到了一个非常好的纽带和协调作用，通过成员之间积极调配资源，制订长远规划，建造新的核电车间、集中力量培养核电管理和生产人员、添置自动化设备、引进信息化软件等方式增强成员的实力；通过相互合作与积极交流，克服研发过程工艺失败、试验结果不满足要求、研发生产与制造生产冲突等困难，努力寻求解决途径，从而达到了“同心协力，攻坚克难，共同提升”的目的。

在中广核及全核电产业链企业的共同努力下，国内核电建设的设备国产化率持续提升。其中，红沿河 1 号机组提升至 75%，“华龙一号”示范工程防城港 3、4 号机组进一步提升至 86.7%。

多措并举推动国产化

中广核以核电设备国产化联合研发中心为基础框架，建成了国家能源核电工程建设技术研发中心，组建了行业内首个核材料及服役安全联合实验室。积极参与核电高科技产业园的建设工作，主导建设的广东省台山产业园、深圳宝龙工业园、广州南沙工业园吸引了众多国内外大型企业，促进了国家战略新兴产业发展，形成了核电装备产业链集群。

在以“华龙一号”为代表的型号研发中，中广核支持设备厂商开展制造工艺研究、相关材料研发和一些专项技术攻关，签订合作协议，实现包括汽轮机、压力容器、稳压器、堆内构件、主管道、二三级容器、大部分泵阀等国产化供货。针对国内具备制造能力、但无设计能力的设备，如蒸汽发生器、14 英尺燃料组件，牵头组织外方与国内意向厂商的交流，启动国产化承接工作，将国内厂商的制造技术转让与集团项目利益捆绑。针对国内尚未实现国产化的设备，启动设备研发工作，签署联合研发协议，并在研发协议中明确成果的归属及利益分享，带动相关设备厂商开展技术研发和升级，形成自主先进核电堆型产业链。

目前，国内核电装备制造业产品供应链全面形成，覆盖我国国内建设的各类核电堆型，核电装备制造能力达到国际水平。

3. 打造协同共进的生态圈

一家公司显然不能独立完成一个大型复杂工程，核电站建设更是如此。对于中广核来说，通过发挥产业龙头和资源平台作用，联合产业链上下游企业共同进步，构建紧密的伙伴关系，才是安全、优质、高效建设核电站的关键。

AE 平台协调引领

AE 模式下的工程公司，不仅是接洽双边用户的平台，更是协调多方的复杂多边平台。它成为业主和供应商、承包商之间的平台，多项目形成的聚合效应在这一平台得到充分展现。产业链企业在市场驱动下聚集到这一平台，打破了专业边界，形成了规模市场引导，促进产业链大投入共促发展的良好局面，最终促进了工程建设，提高了工程质量，缩短了工期。

政府标准和国外技术也是 AE 平台的接入方。当核电 AE 平台具备强大的技术和管理能力时，就可影响产业标准和产业政策走向，这种走向同时会对国内外的技术提供方造成影响。

AE 平台将产业链企业拧成了一股绳，以严谨的制度和精细的项目管理方法取代人际关系和经验管理，产业工人发展计划也在有条不紊地实施。AE 平台所承担的引领者的作用也带动了行业创新和技术进步，相关的制造企业能力迅速提升，这不仅会提高工程质量，也会提升中国制造的质量和竞争力。

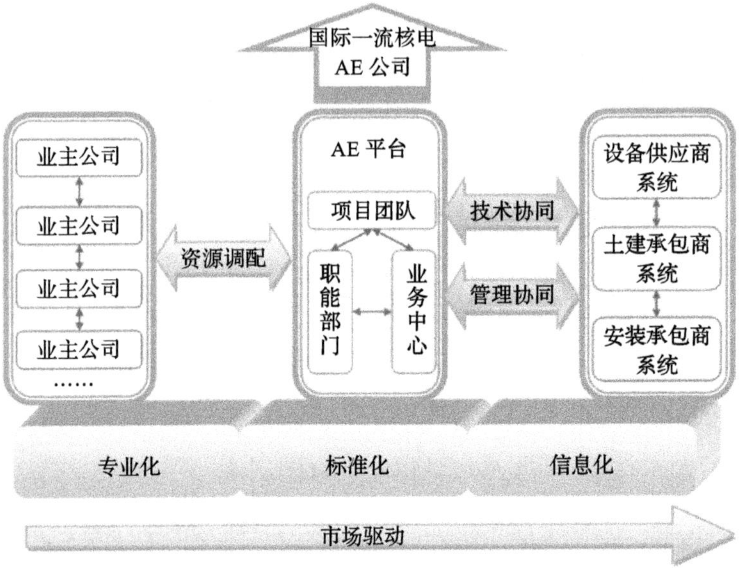

主动服务，打造安全质量共同体

核电工程的质量保证是一项系统性工程，AE 可以起到平台作用，有效地实现内外部联合与协同。中广核以 AE 为核心，将国际标准的质量管理体系覆盖范围从主设备供应商一直延伸到部件、原材料供应商，逐步覆盖核电产业链，切实保障核电安全、质量与建设进度。

从岭澳一期核电站建设开始，中广核引入了法国电力公司的监造理念和基本方法，通过对核电监造能力的培育，建立了完整的设备监造技术文件体系；通过编制监督导则和专用监督计划，形成完整的核电机组监造技术文件体系，指导监造工作有序开展。

但是，核电装备国产化的路并不平坦。不少供应商初次涉足核电产品制造和供货，对核电标准、核安全文化以及合同要求往往理解不到位，容易产生设备制造管理不规范，不符合标准化程序等现象，非驻厂监督的核电设备制造隐藏的风险相对更大。

为了从根本上提高核电设备的制造质量，中广核主动服务，全力推动核电产业链建立良好的核安全质量体系，从全面质量管理、核安全文化渗透、质量管理技能提升、质量风险联防联控、创新技能提升、经验反馈平台共享等多方面开展了大量工作，覆盖范围从主设备供应商一直延伸到部件、原材料供应商，打造了协调多方的复杂多边平台，构建了一个讲文化、高标准、重实效的核电产业链生态圈。

中广核还实施服务性监造举措，亲自参与工厂的质量管理，梳理和规范管理流程，协助建立满足核电要求的质保体系，做到寓服务于监督之中，实现了监督与帮扶一体化。

在行业共同努力下，供应商层面内部形成了良好的安全质量文化氛围，产业链上下游之间也形成了主动延伸配合、安全质量和标准体系共建互促的全方位协同态势。

政产学研用协同创新

视野决定战略半径，在核电技术国产化、自主化的道路上，不同角色立场不同。例如，政府机构着眼全局，为整个国家安全和多个产业协调考虑；产业链上的供应商，希望能够在保质保量的情况下节约成本，创造效益；学术机构和研究机构则更关注高精尖技术的研发和推广。中广核作为各种技术的实践者和应用者，在考虑技术高精尖的同时，还要兼顾安全性、成熟性和经济性。

核电的发展需要“政产学研用”不同角色在统一的框架下各司其职，各负其责，同时精诚合作。中广核充分发挥AE平台作用，在组织推进上，以国家能源核电工程建设技术研发（实验）中心和国产化联合研发中心为依托，组建了核电装备协同创新联盟，以政府引导、需求牵引、技术推动为手段，“政产学研用”的各方参与者协同发力，实现技术升级和技术掌控、拓展服务范围，达到了掌控核电装备产业链及推进国产化的目标。

在资源整合上，通过内部整合和产业链协同，将内外部资源放在大的AE平台上，然后以核心技术能力、项目管理能力和市场化为驱动，使各个元素协调统一，形成了大的生态系统。最后，通过AE平台为客户提供系统化、专业化的解决方案，增强中国核电工程建设走向世界的竞争力。

4. 重塑核电批量化建设的 AE 管理模式

从 2008 年开始，中广核迎来我国核电项目批量化建设的新局面，欣喜的同时也有忧虑。关键是，原有的单项目管理方式完全不能满足多项目、多基地建设的要求，项目“孤岛”现象严重，人员、设备、信息、经验等各类资源难以共享。单兵作战的现实与一盘棋的理想差距甚远，工程的进度、成本、质量控制进入高压期。

为此，中广核从组织结构的重组，重要权利的重置，分配机制的重建等方面进行了工程领域的“分层运作、分权经营、分灶吃饭”体制机制改革，“让专业的人、做专业的决策、做专业的事”，重塑核电工程批量化建设管理模式。

优化组织设计，重构业务中心

分层运作是“三分改革”的第一步，是组织基础。按照“一个 AE 公司、三类组织、两级矩阵”的思路，进一步明确各类组织的定位，将工程公司部门按照职能管理、业务中心和项目团队三大类进行分类管理。

项目团队是工程建设的直接推动者，与职能部门、业务中心通过前后台协作关系形成有机整体，是业务中心和相关职能部门实现价值创造、能力建设与提升的平台；业务中心是公司核心竞争力建设的主体，是推动项目建设的核心力量，也是实现价值创造的主体；职能部门是公司管理提升的主要推动者，为业务中心、项目团队工作的顺利开展提供方向指引和管理支持。

在“分层运作”的过程中，中广核十分重视业务中心的组织机构重组。从 2009 年起陆续对设计院、设备采购与成套中心、施工管理中心、调试中心进行了组织机构适应性调整，构建了以设计（E）为龙头，涵盖设备采购与成套（P）、施工管理（C）和调试（S）的 AE 公司完整的业务价值链。

通过划分三类组织，构建四大业务板块，一方面使 AE 战略的落地实施有了坚实的组织保障，另一方面使得各单位进一步明确了自身在 AE 战略中的定位和使命，为“三分改革”的具体落实奠定了组织基础。

两级矩阵，助力多项目建设

核电项目建设具有周期长、阶段性任务重、受政策影响大等特点，这要求项目组织必须具备一定的弹性。中广核根据多项目统筹管理和阶段化推进的需要，建立起高效、精干的扁平化组织，形成矩阵式柔性项目组织结构。

面对多项目、多基地建设，工程公司按照公司与项目分层运作、总部与现场前后台分工协作的思路，提出了“两级矩阵”的项目运作方式，构建了公司和项目“分层运作”“前后台协同”的管理模式，把项目团队组织建设和运作置于矩阵式管理基石之上。

“大矩阵”指的是项目总经理与设计经理、设备经理、施工管理经理、调试经理组成的项目层面大矩阵，由项目总经理进行统筹协调。通过“大矩阵”的建设，实现了EPCS 四大业务板块的完美协同，减少了各个业务板块之间对于项目资源等方面的矛盾纠纷，有力推动多项目的建设进程。

“小矩阵”指的是项目设计经理、设备经理、施工管理经理、调试经理与各业务中心内部确定的相关主设人或专业经理组成的专业板块的小矩阵。“小矩阵”的设计，促使各个业务板块内部的工作能够有序进行，从而使得每一个业务板块都能为项目建设竭尽全力。

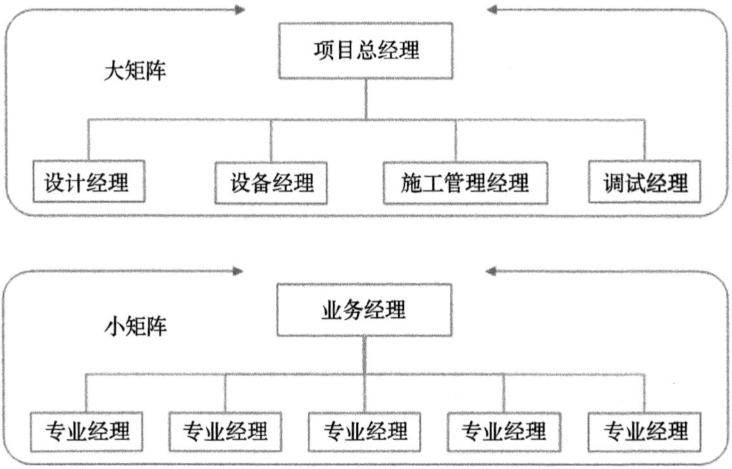

通过“两级矩阵”体系，工程公司建立起“集约化、项

目式、矩阵型”的组织管理模式，有限的人力、物力、财力、设备等资源在各项目间得到最大程度的平衡，缓解了核电快速发展与资源稀缺之间的矛盾。

从实际效果看，项目管理模式优化后，中广核的核电工程管理保障能力大大提高，人员壁垒、项目壁垒、板块壁垒全部打通，真正形成了项目建设合力，创下了一年开工 6 台核电机组，同时在建 16 台核电机组的记录。

在此基础上，中广核还通过实行“分权经营”，适当下沉决策权，让对工程建设最熟悉、最专业的人参与到公司的决策中来；通过设计“分灶吃饭”的激励机制，建立项目产值体系，树立起各部门的精品意识、成本意识，促进技术进步、管理创新和工程创优。

5. AE 模式在三代首堆工程建设中的新探索

核电首堆工程历来都是世界性的难题，由于新设计需要验证和熟悉，新设备需要鉴定，新团队需要磨合，工期延误、造价攀升等问题层出不穷。面对三代核电 EPR、“华龙一号”建设的艰巨挑战，中广核工程建设者不等不靠，勇于超越和创新，坚定走在行业前列。

EPR 全球首堆工程

欧洲先进压水堆 EPR（European Pressurized Reactor）

是由法国和德国共同研发的第三代核电技术，单台机组装机容量 175 万千瓦，是当今世界上发电功率最大的核电机组。

中广核按照国家部署，引进技术建设台山核电一期两台 EPR 机组，这是继芬兰 OL3 和法国 FA3 项目之后，全球第三个开工建设的 EPR 项目，项目建设采用“中国 + 法国”联合投资、联合设计，“部分国产化 + 全球供应”设备，中国建造和中方为主的调试模式，设计参考电站为 2005 年开建的芬兰 OL3 项目。

2007 年 11 月 26 日，中广核与法国企业签署项目合作协议。2009 年 12 月 21 日，台山核电合营有限公司揭牌，同日，项目主体工程开工建设。

项目建设中，针对参与方较多、接口较为复制的情况，台山核电独创的高层协调机制“CEPR 项目协调委员会”（简称 C9）发挥了极其重要的作用。C9 由中广核发起，联合主要参建方法国电力公司（EDF）、阿海珐集团（AREVA）、阿尔斯通集团（ALSTOM）、中核建设集团、中国建筑总公司、中国能建集团、东方电气集团和上海电气集团等 9 家企业共同成立。成员由各公司一把手组成，通过高层定期会晤，及时掌握项目建设进展，协调解决重大问题。C9 以“团队、使命、承诺、共赢”的理念，以“基于合同但超越合同”的紧密合作方式，有力保障了台山核电工程建设各阶段目标的顺利实现。

在中广核及我国产业链企业丰富经验的基础上，在芬兰参考电站设计和工程建设经验的支持下，台山核电建设顺利，2012 年就超过了芬兰和法国项目的进度。前面没有了带路师傅怎么办？中广核果断地做出决策“台山项目要做 EPR 全球首堆”，并很快在 C9 中形成共识。最艰难的时刻到了，首堆工程面临的最大困难是技术困难，包括远超预期的设计变更和难度很大的设备研发，但“我们没有退路，只能往前”。

此后的 6 年时间，中广核凭借着核电建设的经验和技术底气，在中外参建方的通力合作下，克服了重重困难和各种不确定性。在设计上，持续推动系统固化，从设计引领现场逐步转变为现场驱动设计，从下游调试反推上游设计和供货。建立、运作和完善自主技术决策机制，成功应对和化解了首堆工程特有的设计反复迭代带给下游设备制造、安装和调试的叠加放大效应。

ERP 首堆工程的成功建设，体现了我国核电领域的整体实力，回顾其后发而先至的全过程，在工程项目管理方面，主要得益于：高层协调机制、同行经验反馈、计划紧跟变化、设计贴近现场、下游推动上游、自主技术决策、竞争促进合作。在内部组织协调方面，着重激励跨部门的大团队协作，组织跨部门和跨层级的专项攻关小组，引入技术自主化季度评比机制，激发队伍自主解决问题。

台山成为我国核电建设能力迈入世界先进水平的代表之作，无论是高难度的海底隧洞施工，大体积筏基一次浇筑，还是世界最大的汽轮机发电机组制造，无一不体现出我国核电装备制造企业、工程建设企业的硬实力。通过台山项目，中广核完成了历史性的角色转换，从核电的跟随者、并行者，变成了引领者和推动者，工程公司也在“国际一流 AE 公司”道路上前进了一大步。

三式学习：让“只可意会”的内容固化为可复制的经验

台山项目作为全球 EPR 首堆工程，在推进过程中没有现成的、完整的、成套的方法可供借鉴，只能“摸着石头过河”，但总有一部分员工善于创造性地解决问题，并形成了一些局部的探索、突破和经验，但也仅限于局部和个体脑海中，只可“意会”，难以传播给他人。

台山公司意识到，这些局部的经验和突破对于首堆项目是极其宝贵的，必须找到方法、搭建平台、快速复制，让更多员工掌握并应用。2014 年，台山公司创造出“分享式(Share)、体验式 (Experience)、启发式 (Arouse)”学习，即“三式”学习（简称 SEA learning)，并完成平台的搭建和落地实施。

“三式”学习，主要是通过总结、提炼、复制和推广局部碎片化成功实践，一方面“由点到面”，从不同事件中找到不变的可操作性概念；另一方面“从面到点”，结合具体情境加以应用。其中最关键的是以真实且成功的案例剖析为起点，以总结可操作性概念为核心，以促进跨界应用为目标。

台山公司“三式”学习紧密围绕首堆攻坚中的冷试、热试、装料等关键节点和技术自主化、精益化等战略焦点，挖掘基层“小人物”的成功实践，提炼碎片化的局部经验，鼓励及时的、不拘形式的分享，激发员工主动将分享中的可操作性概念连接到各自工作中加以应用，进而解决更多难题，让员工能力与首堆建设共同成长。

在内部推行成功的基础上，“三式”学习还推出了国际版，连线法国 FA3、英国 HPC 和芬兰 OL3 项目现场，全程英文直播。“三式”团队还受邀到中国大连高级经理学院进行分享交流，并被选入中国人民大学 EMBA 教学案例。

华龙一号示范工程

中广核认为，虽然“华龙一号”型号研发成功了，但其承载的使命才刚刚开始，这条路任重而道远。后续还要充分发挥集成能力，通过示范项目建设，知其然并知其所以然，最终真正打造出中广核核电品牌，走到世界前列。

2015 年 12 月，“华龙一号”示范项目——防城港二期工程（3、4 号机组）正式开工建设。它承载着我国核电国产化战略和“走出去”使命，国产化比例不能低于 85%，是英国布拉德韦尔 B 项目的参考电站。中广核决心集全集团之力，建设精品工程。

为确保建设目标的实现，中广核抓住设计和设备采购制造这两大核心任务。“华龙一号”示范工程是中广核在正向设计条件下，工程建设“首堆 + 首次”的新挑战。“首堆”意味着工程设计没有完全固化，没有参考电站；“首次”意味着要在正向设计条件下，实现设计固化。中广核通过协同设计，实现设计的可建造性、可制造性、可调试性、可运行性、可维护性，以此进一步推动集成设计，使科技研发尽快在工程建设中实现。2016 年 11 月，中广核编制的《华龙一号示范项目技术基线》正式发布，标志着“华龙一号”示范项目技术方案的全面固化，为“华龙一号”示范项目顺利建设和推进奠定了坚实基础。

为同心建好“华龙一号”示范项目，协力创优中国自主核电品牌，借鉴台山 EPR 首堆的建设经验，中广核联合中国核建、中船重工、一重、中机、哈尔滨电气、东方电气、中国建工、中国能建、上海电气 10 家国内主要核电工程建设、装备制造企业，成立了 H10 协调机制。共同签署了 H10 峰会联合宣言，明晰了“华龙一号”技术方向、发展目标及实现发展目标的相关策划。

中广核首次建立并应用了多点三维协同的核电设计平台，实现了 H10 成员单位之间在设计源头的信息交互，从法规、标准到客户需求、设计目标，实现了跨地域、跨单位之间的协同设计；建立了日常协同和跟踪反馈机制，缩短信息传递和管控链条，减小低效环节，持续优化资源配置，提高管理效率。

H10 定期举行峰会，对重大问题的处理进展进行检查和通报，对后续工作进行安排，各成员单位在华龙项目建设上进行战略对接，各自发挥已经形成的专业能力和技术积累等优势，有力推动了“华龙一号”项目高效建设。目前，防城港二期华龙示范工程建设进展顺利，预计首台机组将于 2021 年建成投产。

加强技术控制，降低首堆工程的不确定性

针对“华龙一号”采用成熟的、经过验证的技术进行集成创新这一特性，中广核在项目控制上实施“技术状态管

理”——CM（Configuration Management），有效降低了首堆建设的风险。

CM 管理以“技术控制”为基础，大力推进技术、成本、进度“三位一体”联动控制的“基线—偏差”管理方法，严格遵循基线，对工程进度、成本进行分级、分类控制管理，对所有偏差实施纠偏。

实践中，参照成熟技术，通过状态控制划分（Configuration Control Phase，简称“CCP”）以及风险预警通知单（Project Risk Advance Notice，简称“PRAN”）工具的运用，将基本技术单元与成熟技术进行对比分析，形成项目设计配置控制基准，避免新设计、设备、工艺带来的风险。同时，有效识别各阶段活动中的不确定性因素，强化风险预警能力，对可能发生的成本、进度、质量偏差事件，提前通知责任单位相关风险，并对拟采取措施提出建议。

通过这样的事前主动管控机制，中广核最大程度降低了华龙首堆的不确定性，实现工程建设过程和结果的确定性，切实做到一次把“百年核电工程”建好。

【随文探析】

核电工程是典型的大型复杂系统工程，具有投资规模大、技术系统复杂、建设周期长、安全质量要求高等特点。以我国改进型百万千瓦级压水堆核电技术 CPR1000 为例，每台机组共有 380 多个系统，7 万余台套设备，参与项目供货的企业近 5000 家，参建人数约 20000 多人，项目涉及核反应堆物理、机械、电仪等 60 余个专业，每台机组建设工期长达 58 ～ 60 个月。

大型工程建设有两个关键，一是靠技术，二是靠管理。从管理角度看，AE 工程管理模式是国际成熟做法，中广核在学习借鉴的基础上，立足于我国核电产业发展和企业自身发展实际，形成具有本土化特色的 AE 工程管理模式。主要体现在：以确保核电站建造的整体性能与安全质量为核心，以专业化核电 AE 公司为平台，集核电工程设计、设备成套、建安施工、调试启动等业务为一体，以核电站总体架构技术为能力支撑，协同产业链企业自主创新，共同推进核电项目群优质高效建设。

AE 模式促进了中广核在项目设计主导与系统集成能力、产业链资源整合与协同创新能力、项目精细化管理与项目群运作能力上的快速提升，发挥资源整合和放大效应，支撑了核电批量化建设。同时，也助力中广核打造核电产业生态圈，辐射带动我国核电产业整体能力提高，持续不断地铸就精品工程。

第七章

企业发展　人才先行

功以才成，业由才广。如果把企业的发展能力看成是一个圆，那么人才就是半径，决定着企业的行稳致远。对于核电这样的技术密集型产业，拥有一大批高素质专业人才，更是增强发展后劲，实现基业长青的关键。

中广核从创立开始，就把人才培养放在企业发展的优先位置，把人才培养作为战略性、基础性、长期性工作，不断探索。近年来，贺禹董事长更是反复强调，“各单位一把手是人才培养工作的第一责任人，出业绩也要出人才，出人才就是出业绩”，推动人才培养工作持续上台阶。

40 年来，从艰苦创业时期的“黄金人”到如今展翅翱翔的“白鹭”，中广核始终秉承“培养人，而不仅仅是培训人”的核心理念，践行系统化培训方法论，坚持“授权上岗、全员培训、终身学习”的基本要求和“培训—考核—授权一上岗”的运作机制，逐步建立起独具特色和卓有成效的人才培养之道。迄今已累计自主培养核电站操纵员 1900 余名，高级操纵员 1200 余名，核电相关专业技术人才 13000 余名，可再生能源、核技术等领域技术人才 3500 余名，各级管理干部 3000 余名，并为国家核安全局、兄弟单位以及泰国等新兴核电国家培养专业人才 2000 余名，有力促进了清洁能源事业的发展。

1. 人才价值理念深入人心

思路决定出路，中广核在创业之初，便制定了“企业发展、人才先行”“按照世界一流标准培养核电人才”的方针，提出了“培养人而不是培训人”“培训就是生产力”“培训创造价值，学习成就未来”等人才理念，确保人才工作服从和服务于企业发展大局。

核电发展，人才先行

国际原子能机构的总干事天野之弥指出：“对于工业基础底子薄的发展中国家来讲，缺钱并不是唯一的烦恼，缺人才是致命的因素。”

核电人才培养具有要求高、周期长、难度大的特点，要将一名新员工培养成为核电站操纵员至少需要 5 年，成为高级操纵员至少需要 8 年。特别是“十一五”以来，我国核电进入规模化发展阶段，对人才的需求就更为迫切。

对中广核而言，“核电发展，人才先行”绝不是一句空口号，而是始终如一的坚持。20 世纪 80 年代筹建大亚湾核电站期间，我国没有运营管理百万千瓦级压水堆核电站的专业人才。时任董事长王全国提出，要找最好的教师，按世界一流水平培养核电人才。技术可以引进，设备可以买，但绝不能没有自己的人。

进入“十一五”，中广核立足于对核电长远发展的判断，开始对人才问题进行新的谋划和安排。2005 年 9 月，时任董事长钱智民快速决策，在苏州成立核电学院，开始探索高校与企业联合培养核电人才的道路。首创“订单+联合”新模式，与中国科技大学、上海交通大学、西安交通大学、哈尔滨工程大学、华北电力大学等国内十余所知名高校签署了核电人才联合培养协议，每年从本科三年级中挑选优秀学生，作为准员工与高校进行联合培养，从而加速核电人才培养进程，节约岗前培训时间，降低人才培养成本。十余年来，通过这种方式，累计培养优秀大学毕业生 4500 多名，联合培养高校增至 23 所。

2013 年起，中广核开始打造校企联合培养的“升级版”，按照法国工程师精英培养模式，与中山大学联合培养核能领域高端专业人才，中广核提供经费支持和实习安排，绝大多数毕业生加入了中广核，他们理论功底深，英语和法语都好，很快成为技术骨干。

在中广核，人才培养在任何时候都是中心工作。每到重大发展节点，人才保障都是考虑最多、最重要的问题。现在，“人才先行”已拓展到中广核的各个业务领域，业务规划到哪里，人才保障就跟进到哪里。

投入巨资培训“黄金人”

大亚湾核电站筹建初期，中广核从全国各地电力系统、核工业系统以及大学毕业生中招聘技术人才，在国内进行两年的外语和核电基础预培训，层层选拔后再送往国外进行技能培训和现场操作培训。

1989—1990 年，分三批派出 115 名人员赴法国电力公司的核电站以及英国培训，培训期为 6 至 19 个月。培训采用“影子培训”的方式，一个徒弟跟一个师傅，每两周考核一次，考核成绩有两次为“D”就淘汰。经历了几百次的考试，他们最终 113 人通过考核，获得了法国电力公司颁发的资格证书。

他们的培训费用平均每人高达 130 万法郎，当时折算为 60 公斤黄金，接近一个人的体重，因此被称作“黄金人”。“黄金人”为刚刚起步的我国核电事业带回世界最先进的核电站运行、维修和管理经验，以及核安全文化，用实际行动证明了自身“黄金般的价值”。1997 年 7 月，大亚湾核电站的厂长顺利地由中方接任，比原计划提前两年实现了“自主运营”。

在随后的 20 多年核电发展中，“黄金人”成长为我国核电行业的骨干力量。这其中就包括现任董事长贺禹、总经理张善明、六大核电基地的总经理，以及核电各领域的资深专家。他们充分发挥了“传、帮、带”的作用，为中广核，也为我国核电事业培养了一批又一批的人才。

培养人，而不仅仅是培训人

“培养”与“培训”一字之差，背后折射的却是不同人才理念。培训侧重传道、授业、解惑，落脚点是做事。培养侧重人的健康成长和充分发展，落脚点是人的全面提升。这关系到是看重人的技能还是人的素质，人力投入是成本还是投资，培养目标是使用人还是发展人，培养行为是短期的还是长期的。

实践中，中广核从核电站技术密集、员工培训周期长、费用高等特性出发，坚持“以人为本”，下大力气“培养人”。中广核把员工看作最宝贵的资源，通过系统培训让员工掌握理论知识、操作技能，设计职业发展通道，为员工提供广阔的发展舞台，让员工具有高度的归属感和忠诚度。

“培养人”还体现在师带徒“影子培训”的传承上。大多数企业都有师带徒的传统和做法，中广核胜在做得细、做得实，对每一步都有具体的制度性要求。在核电站运营、维修等岗位，每一位新入职的员工，都会被指定一名师傅，签订师带徒协议，师傅按照其《岗位培训大纲》要求，为徒弟制定详细的培训计划，负责整个计划的实施和考核。工作中，徒弟会仔细观察师傅的日常操作，感受和领悟师傅在工作中的理念、方法等；师傅会结合徒弟的行为表现，手把手地帮助徒弟提高岗位技能，每一阶段都会根据培训目标进行总结和评分。

“影子培训”强调“体验”“知行合一”，在真实的现场环境中，师傅不仅要把自己几十年的工作经验毫无保留传授给徒弟，还注重把做人的道理传递给徒弟，着重培养企业的核心价值观、严谨细致的行为规范，坚持不懈的学习能力，通过“熏陶、实践、引导”促使新员工健康成长。

培训就是生产力

从事业起步开始，中广核就认为，培训是核电站生产活动的一部分，培训内容必须围绕电站生产运营业绩的提升，生产现场的信息必须及时反馈到培训过程中。因此，在大亚湾核电站建设初期，合营公司最早成立的处级部门就是培训处。

培训是否转化成生产力，关键看培训有没有产生效力。目前，中广核在技能、技术、领导力、文化、安全等各方面的培训都是围绕提升员工的能力、动力和活力而设计的。培训设施的累计投资占到了集团净资产的3%，强大的培训体系成为企业生产力的重要组成部分。与此同时，中广核更看重培训的成效和回报，讲求投入产出，学以致用，强调衡量培训的成效，不是看上了多少课、多少学时，而是看是否真正促进了企业发展、业绩提升。正是源于此，中广核对培训工作一直秉承“三个坚持”：坚持培训要聚焦战略、瞄准短板、精准施教；坚持高标准，不断提升师资队伍能力和课程质量；坚持严把培训质量关，狠抓淘汰率，凡培训必有考核，凡考核必有淘汰，并在核电站操纵员考核中聘请外籍考官从严把关。

助力能力因子提升——技能培训的四个阶段

在大亚湾核电站建设初期，中广核非常重视导致电厂停机停堆的人员操作技能，通过严格的运行人员培训授权体系，确保运行人员的技能提升。

运行水平提高后，及时将培训重点放在员工维修技能提升上，开展了技能训练中心一期项目，以后又扩建了二期项目和核燃料换料机等重大专项训练设施。每次大修前，都利用技能训练设施开展专项培训及演练。

随着机组在役运行时间的增长，开始关注设备管理问题，深入开展了设备老化、预防性维护、故障预诊等研究和培训工作，提高电站设备可靠性。

当核电站能力因子达到90%以上时，进一步提升业绩就必须从提高综合人因可靠性着手。于是，中广核成立了“人因研发和训练中心”，专注于防人因失误工具的开发和人员规范行为的训练。

2. 独具特色的人才培养体系

通过“黄金人”的培养，中广核在一定程度上解决了企业发展初期人才紧缺的问题。但企业要长期发展，还需要自力更生，建立一套系统化、制度化的人才培养体系。得益于中广核历任领导对人才工作的高度重视，通过持续投入、不断完善，建立起了涵盖核电、核燃料、新能源等业务，统分结合、层次分明的人才培养体系，实现了企业发展、员工发展、培训活动三位一体的良性循环，为集团发展提供了坚实的人才保障。

三年人才培养计划

人才培养是一项系统工程，起点和基础是人力资源规划，要求规划主体以企业愿景、目标和战略规划为导向，借助科学方法，对人力资源进行供求预测，以战略的眼光对人力资源进行动态统筹，实现人力资源供需平衡。

中广核将人才规划和企业发展规划结合起来，一体化部署。集团公司人力资源部门和人才培养部门相互配合，以《集团五年发展战略》为指引，编写配套的《集团五年人才培养计划》和具体的《集团三年人才培养计划》。此外，如果集团战略发生调整，人力资源规划则随时修正，确保人力资源规划始终围绕集团战略而开展。

各成员公司根据《集团三年人才培养计划》编制本企业

的人才培养计划，明确本企业未来三年的关键岗位人才和紧缺人才需求、配置计划，提出针对关键岗位人才和紧缺人才的培养措施及资源投入计划，每年滚动升版。

一校八院的组织体系

2005 年 9 月，中广核成立了我国核电行业第一家企业大学——核电学院，负责与高校联合培养人才。2011 年 8 月，核电学院升级为集团层面单设的培训管理机构，统筹全集团培训工作，下辖管理、核电运营、核电工程、教育培训（负责校企联合培养）等四大培训中心。2013 年 6 月，核电学院更名为中广核大学，由集团公司董事长兼任校长，集团公司总经理兼任第一副校长，设一名专职常务副校长。同时成立中广核党校，与中广核大学一体化运作。

中广核认为，作为企业大学，中心任务是要搭建起理论和实践之间的桥梁，立足解决企业的实际问题，提升组织效能和员工个人的胜任能力，促进组织目标的实现，使培训真正成为推动集团发展的有力工具。要努力把中广核大学建设成行业标杆。

中广核大学设立校务委员会，负责集团培训方面重大事项的决策。委员会主任由集团公司董事长担任，副主任由集团公司总经理，负责财务工作的副总经理（或总会计师）担任，成员由负责干部管理、人力资源管理、培训管理的部门负责人，以及主要成员公司的总经理组成。为紧跟集团业务发展，进一步加大人才培养力度，2016年9月，中广核大学成立了管理学院、国际学院、核电运营学院、核电工程学院、核电科技学院、核燃料学院、新能源学院、信息学院及金融、核电服务、核技术、节能等多个直属培训中心，形成了“一校八院”的培训组织体系和业务全覆盖。

同时，中广核大学发布了《集团培训管理成熟度评价标准》《成员公司各发展阶段培训管理成熟度发展指引》等制度文件，从规划计划、组织建设、运营标准化、师资队伍、课程体系、设备设施、运营效果、客户反馈等八个维度，对成员公司的培训体系和培训能力进行全面评价，引导成员公司发现培训工作中的短板，并进行有针对性的改进。每年教师节当天，中广核召开集团培训年会，对年度培训工作进行总结、部署，表彰年度培训先进单位和个人。会议的规格和重要性仅次于集团年会，以此强化全集团对人才培养工作的重视。

培训—考核—授权—上岗

“培训—考核—授权—上岗”是人才发展任用管理的基本政策和运行机制，也是中广核人才培养的精髓，其形成过程充分借鉴了法国电力公司的经验。“上岗必须授权、授权必须培训、培训必须考核”，环环相扣，将人才培养与人力资源管理紧密结合，形成了结构化的人才培养发展路径。员工通过培训提高技能与素质，获得授权上岗及岗位晋升，从而提高个人工作业绩和企业效益。

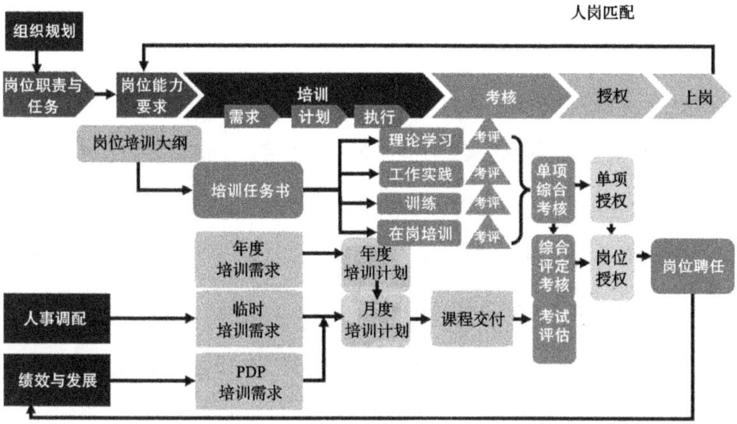

这套运行机制的理论基础是“系统化培训方法”，即SAT（Systematic Approach Training）。其中的核心是编制每个岗位的《岗位培训大纲》，否则培训就成无源之水。中广核最早在核电业务上实行这套机制，之后逐步推广到全集团，大大提升了培训的系统化和规范化。

在中广核，没有授权寸步难行。授权分为两种，一种是安全授权，即“准入证”，允许进入某个工作现场。一种是工作授权，即“工作证”，允许开展相关工作。哪怕是清洁工人，没有授权也不能进入现场进行日常的清洁工作。同时，每一种授权都有期限。一位进入领导岗位的老运行人员曾说，“别看我过去是高级操纵员，现在回到主控室什么设备都不能碰，因为我的工作授权已经过期了”。这种授权制度，决定着每一位员工必须按照个人年度计划进行复训及新课程学习，即“终身教育”。

培训和授权上岗的要求不仅针对中广核员工，对在电站工作的承包商人员也同样适用。中广核要求，承包商必须自行组织各类培训，并进行相应授权。为此，中广核联合国内 23 家建筑安装承包商和设备制造商，成立了 AE 培训联盟，积极开展核安全法规、核安全文化、质量保证、质量控制、项目管理、教员培养、焊接技术等培训，致力于产业链的核安全文化协同、安全质量管理能力协同、科研创新能力提升、劳动者素质提升以及国际化工作能力提升。

SAT 系统化培训方法

SAT（Systematic Approach Training）是国际原子能机构推广的一种程序性的培训方法，首先针对每个技术岗位进行岗位分析、任务分析、所需知识 / 技能 / 能力（KSA）分析，明确从事该岗位工作的人员所应具备的全面工作能力要求。然后编制《岗位培训大纲》，根据大纲制定培训计划并实施培训。人员完成大纲规定的所有理论和实践课程并通过考试后，才能获得相应岗位的授权。这其中，编制《岗位培训大纲》是关键一环。

就核电站而言，专业众多，每个岗位究竟要培训什么内容本身就是一个难题。这需要投入人力，结合岗位任务、知识技能要求、安全要求、态度要求与职业发展路径，制定出系统的培训项目、培训材料与考核标准，最终形成一个综合的文件集。通过 SAT，有效提升了核电站人员培训的系统化和规范化。

高水平的教员队伍和课程体系

中广核坚持“让最优秀的人员成为教员，管理者就是培训者”的原则，鼓励优秀员工加入教员队伍，建立了全集团统一的教员管理体系，目前拥有专兼职教员约 3000 名，包括管理内训师 230 余名，专业技术教员 2600 余名。

员工成为专、兼职教员后，有着完整的发展路径。中广核按照铜牌认证教员、银牌认证教员、金牌认证教员和钻石认证教员四个台阶，建立了一套规范的教员能力认证体系，对教员进行有针对性的培养。

教员管理、进阶、激励实施积分制管理。各业务领域均明确了专职、兼职教员年度标准积分值、续证积分值标准、教员晋级积分值标准。对于铜牌及以上级别教员，达到认证教员的积分值标准，即获得相应的任职津贴。达不到规定积分要求的铜牌及以上教员，其所持牌照将逐级降级。为了保持队伍活力，定期会淘汰长期没有教学任务的专兼职教员。

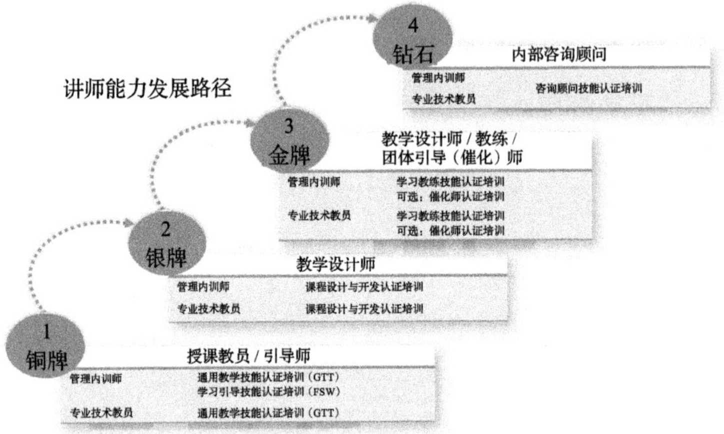

中广核还大力实施“管理者就是教员”计划，要求集团公司党委管理干部每年必须向本公司或其他成员公司干部员工分享管理经验，讲授管理心得。规定各级管理者带头走上讲台，每年必须完成 7 小时授课时间，并纳入干部管理相关制度和程序。

教材体系建设与教员队伍建设同等重要。中广核围绕集团战略与核心业务，采取引进和自主并举的建设方针，逐步形成较为完善的培训课程体系。

在管理课程开发上，对于外部优秀的管理课程，全套引进后，通过培养内部讲师，结合企业实际情况，予以内化和优化，形成富有中广核特色的、贴近企业干部员工需求的课程。对于内部的良好管理实践，采取自主开发的方式，通过经验萃取、编写案例和行动学习等方式，编制成相应的管理课程。

而一门技术课程的产生，要经历需求分析、设计、开发、实施、评估五个环节的过程，形成完整的课程包，包括培训任务书、讲师讲义、授课 PPT、学员手册、试卷等。

为了适应集团“多基地、多项目、国际化”的发展需要，中广核近年来不断加强网络课程的开发。目前中广核大学拥有课程 7000 多门，其中网络课程超过 1500 门。2015 年 7 月，中广核大学正式推出了移动学习客户端，将学习延伸到手机及平板电脑等移动设备，实现了随时随地学习。同时，彻底解决了偏远地区的员工培训问题，大大降低了培训成本。

3. 培养关键人才的“鹭计划”

“得人者，得天下”，中广核强调，人才培养必须突出重点，要把更多的资源用于关键和紧缺人才培养，并为紧缺人才、关键人才培养量身定制了系统的培养计划与培养方案。在运行领域，注重标准化培养体系建设；在科研领域，倡导“与科研项目同步谋划、同步培养”的科研人才培养方式；在管理人才、后备干部培养方面，打造了富有特色的“白鹭计划”“红鹭计划”“鹭越重洋”等培养计划。

技术人才培养——外培内传

高素质的核电站运行人才队伍是核电安全的重要保证。中广核在大亚湾核电站起步阶段，除了巨资培养“黄金人”

外，还与法国、南非、韩国等 10 多个核电站建立了姊妹电站关系，与法国高等技术学院等建立了人才培养合作关系，并向世界核营运者协会（WANO）常年派遣技术人员参加专家评审工作，使核电人才在管理理念、专业技术、操作方法上始终与国际接轨。

大亚湾核电站投产后，中广核重金聘请众多外国专家，实行“外培”。在外国专家的“传帮带”下，中方人员抓紧“干中学”和“学中干”，推动员工尽快掌握核电站相关专业知识和管理知识。

运行人员的培养过程严格，要经历新员工、学习操纵员、操纵员、高级操纵员、副值长、值长等阶段，培养一名合格的操纵员需要 5 年的时间，经历大约 300 次的培训考核，培养一名高级操纵员则需要 8 年左右的时间。

从 1994 年开始，中广核实现了核电站操纵员的自主培养，目前具备每年培养 550 名操纵员的能力，完全可以满足本企业的生产需要。同时，还为兄弟单位培养了 200 多名核电专业技术人才。当初为大亚湾核电站培养高级操纵员的法国电力公司，也多次选派技术人员来中广核接受培训。

无论业务如何发展，中广核心里始终清楚，在本质上，自己仍是一个发电企业，核电是核心主业，任何时候，保持核电机组的安全稳定运行都是最重要的工作，而抓好电站运行关键技术岗位人才的培养、培训和考核，始终是基础的工作。

面对新机组不断投运，中广核进一步将大亚湾运行人才培养经验、制度、程序等复制到其他核电基地，统一人才培养标准、统一人员培训教材，坚持宁缺毋滥，从严设置考核不合格率，确保各核电基地培养出来的运行人员，尤其是值长、安工等关键岗位人员的水平一致。

管理人才培养——白鹭计划

为实现“又好又快”发展，中广核精心打造了系统化的管理人才培养体系，形成了技术人才、管理人才“双翼齐飞”的人才培养格局。

中广核经营管理者系列培养项目——白鹭计划

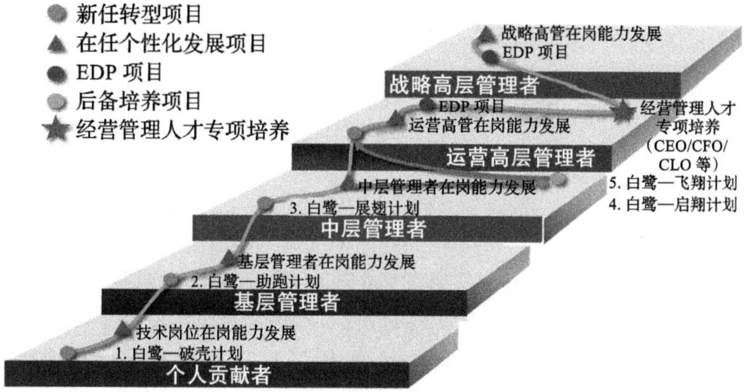

新员工和各层级新任管理者在转型期都会有“痛点”和“难点”，结合各层级管理人员的核心素质能力模型，中广核设计实施了一系列经营管理者系统化培养项目，命名为“白鹭计划”。计划分四个阶段实施，包括“破壳计划”，新员工

转型培养项目；“助跑计划”，新任基层管理者培养项目；“展翅计划”，新任中层管理者培养项目；“翱翔计划”，新任高层管理者培养项目。

战略确定后，干部是决定因素。近年来，中广核进一步拓展了“白鹭计划”，开发了白鹭“启翔计划”“飞翔计划”，为集团培养后备管理干部，培养项目分六个阶段集中学习，历时 1 年，其中脱产学习 1 个月左右，从领导自我、领导业务、领导团队、领导组织、党性修养、人文素养等方面，培养和提升能力。

中广核的这套管理者培养计划，覆盖了各层级、各阶段，形成了体系化、标准化的培养路径，并荣获中央企业高管培训体系建设“特色实践最佳奖”。目前，白鹭计划累计培养各级管理者 1600 多名，许多学员已经走上了关键的领导岗位。

高管 EDP 培训实践及高层领导力论坛

从 2006 年开始，中广核每年针对高管层进行系统性的培训项目 EDP（Executive Development Program），培训主题由集团高层确定，一般与当年战略任务及组织存在的突出问题紧密相关。

集团公司与子公司高管分批次参加培训，每期 3～5 天，采用在线学习、跨界分享、专家授课、主题研讨等方式，重点解决高管层的视野问题、意识问题、认知问题和方法问题，促进集团战略“落地”。

也是从2006年开始，中广核每年举办一次为期两天的集团高层领导力论坛（内部称“长湾领导力论坛”），由集团公司班子成员、总经理成员、部门负责人和各二级成员公司的“一把手”参加。每年的论坛会结合企业面临的突出问题和工作重点，比如改革、执行力、干部管理、企业文化、核安全等，查找问题、碰撞思想、拓宽思路、凝聚共识，为企业的创新发展铺垫思想基础和探索行动方向。

国际化人才培养——鹭越重洋

中广核对国际化人才的培养，超前于国际化战略的实施。早在2004年，集团就提出国际化人才储备培养构想，选派21名青年骨干前往欧美商学院学习。2012年，中广核再次选拔37名青年骨干，经过约半年的外语集中强化训练后，全部考入美国、英国排名前50名的商学院。2015年，这批青年骨干陆续毕业回国，对中广核的国际化发展无疑发挥了雪中送炭的作用。

中广核坚持国际化人才培养内生与外聘相结合，速成和储备相结合，学习与实践相结合，统筹与分散相结合的原则，基于未来海外业务需要，制订了国际化人才需求计划，设计了国际化人才系列培养项目——“鹭越重洋计划”，包括国际化人才高管班、定向班、储备班、语言班、实战班和文化融合班。

“高管班”推动集团高管层开阔视野，从更系统的视角看待国际化。每年定期组织高管赴海外一线，围绕能源发展、核电建设、目标国政策等进行学习，促使高管了解全球能源发展新趋势，提升认知水平和创新意识。

“定向班”针对正在从事或预备从事国际业务的骨干人员，以短期强化培训的方式开展培训，包括目标国的习俗文化、政策法规、业务环境。重在培养跨文化沟通的基本意识和技巧，掌握海外业务技巧，塑造国际化职业形象等。

“储备班”侧重选拔优秀青年人才参加外派的储备班培养，经历筛选、脱产语言学习、海外学校申请，海外求学，周期一般为 3 年，学员回国后进入海外人才储备库，按照海外公司岗位需要，调派任用。超过半数的回国人员派往境外项目，其余人员在集团总部和成员公司从事国际化业务的管理。

“实战班”针对即将赴海外工作的骨干人员，以在海外大型企业挂职锻炼为主要培养方式，一般为 3 ～ 6 个月，打造“速成型”的国际化人才。

随着国际业务的不断拓展，中广核高度重视外籍高管和员工的文化认同培养。通过举办文化培训班，外籍管理者来到深圳，在大亚湾核电基地探寻企业文化的发源，深入了解集团总部的管理方式；打造适用于国外分支机构外籍管理者的企业文化课程，通过送课上门，加强企业文化的传播和认同。

党建人才培养——红鹭计划

“红鹭计划”是按照集团公司党委、中广核党校校务委员会要求，于 2018 年 2 月开始启动的中广核党员领导干部“强根固魂”系列培养项目，重在持续推进和提升党建工作的科学化、规范化和标准化建设，服务党建工作的“三基本”建设。

“红鹭计划”分为四个阶段，包括“破壳计划”“助跑计划”“展翅计划”和“翱翔计划”。目前，前三个阶段已打造完成，实现了规范化、标准化、常态化运作，第四个阶段的“翱翔计划”将于 2020 年落地实施。

“红鹭计划”以应用为主旨，以实效为目标，不断创新培训模式，综合采用课堂教学、红色拓展、案例教学、情景模拟、主题演讲、现场教学等培训形式，构建全景式教学。“红鹭计划”积极拓展培训渠道，与江西干部学院、古田干部学院等党性教育基地合作成立培训基地，形成了“中广核党校 + 成员公司党群部门 + 党性教育基地”三位一体的培训网络。

中广核党校致力于将“红鹭计划”打造为全集团党员干部加强党性修养的“大熔炉”，提高履职能力的“加油站”，助力党员领导干部人才的培养。同时，积极发展党委书记、专兼职党务工作者、纪检及团青干部加入兼职教员队伍，让他们承担更多的教学和课程设计开发任务，让培训更加“接地气”。

分层分类实施“红鹭计划”

“红鹭—破壳计划”A班面向入党积极分子，B班面向新党员。“红鹭—破壳计划”采用“经典课程＋新时代课程＋中广核特色课程”的思路搭建培训方案，旨在让学员端正入党动机、增强党性修养，从思想上、行动上入党。

“红鹭—助跑计划”面向党支部委员，打造标准化培训方案，旨在增强党支部委员的党性修养、明晰岗位职责、掌握工作方法。采用示范班、试点班、讲师训、再示范班、独立办班、全覆盖的六步走策略。

“红鹭—展翅计划”A班面向新任党支部书记，B班面向在任党支部书记。通过自学微课、党建实务、案例教学、行动学习、党校修养教育等培训，旨在加强党支部书记基层党建工作“带头人”“领头雁”的角色意识，提升履职能力。

“红鹭—翱翔计划”面向各成员公司党委委员（含党委书记），旨在进一步加强党性修养、履职意识和履职能力。

4. 让人才流动起来

中广核在快速发展的过程中，既面临着人才短缺的问题，又出现了人才局部冗余的现象。2014 年以来，中广核探索建立了内部人才市场机制，采用“政策 + 平台”的方式推进，提升人力资源利用效率，同时有利于拓宽员工职业发展通道，促进人力资源合理流动。

让员工主导自我职业发展

内部人才市场不是简单地把空缺岗位发布出来开展公开竞聘，而是让员工找合适岗位的同时，组织也可以找到合适的人才。

中广核内部人才市场平台包括两大模块——公开聘任模块、员工意愿填报模块。前者收集各公司公开聘任的空缺岗位，形成空缺岗位数据库；后者让员工随时在线填报个人发展意愿。员工的意愿数据经加密处理，仅员工本人有权修订，所填报意愿公司招聘经理有权查阅。

通过赋予员工选择的权利，让员工主导自我的职业发展，积累了员工发展意愿和能力技能信息，形成集团内部人才发展意愿池和技能银行。员工发展意愿数据可与集团内公开聘任的空缺职位数据进行匹配，经过招聘经理的筛选，主动填报意愿的员工将成为岗位首选。

人力资源部门将中广核的职位细分为八个专业通道大类、145 个专业通道小类，形成“岗位序列—发展通道—员工意愿—员工流动”，建立起了职业发展通道与员工发展意愿之间的业务数据关联，让员工职业生涯规划、横向拓展职业发展通道变成“看得见，摸得着”的平台体系。

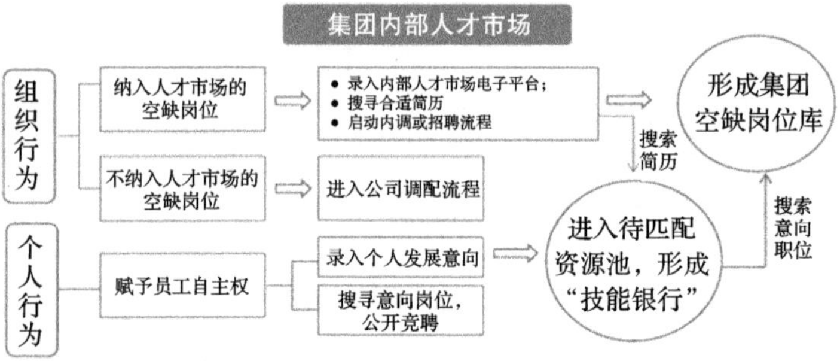

鼓励人才合理有序流动

中广核倡导市场化的用人导向，建立了一整套内部人才流动规则，打破了组织壁垒，遏制人才本位主义。

原则上，满足在内部人才市场发布条件的空缺岗位，优先在内部公开聘任，若无合适人选再通过社会招聘等方式完成。在公开聘任门槛条件方面，鼓励员工向新基地、新项目、条件艰苦地区及战略发展需要的地区流动，并给予破格提拔、享受技术岗位聘任加分等鼓励政策。

员工参加招聘前，或多或少会有一些心理压力，害怕现任领导不同意、不放人。中广核规定，候选人在现公司、现职级工作满 30 个月的，无须征求所在组织意见，可自由参加公开聘任。需要征求组织意见的，将“征求意见”后置到选聘环节后，并设置 10 个工作日的上限，所在部门逾期不处理，则默认为“同意”。如果管理者不同意员工参加公开聘任，应给出合理解释，并抄送给分管领导。

构建了“管理—技术双通道大 H 发展体系”，解决专业技术人员的发展通道。专业技术岗位发展通道从低到高，划分为初级、中级、高级、资深级和首席专家五个层级。管理岗位从低到高，划分为基层、中层、高层三个层级。在两条路径的平行层级结构中，技术人员与管理人员享有平等的发展机会，技术人员既可以沿着技术通道发展，也可以转入管理通道发展。

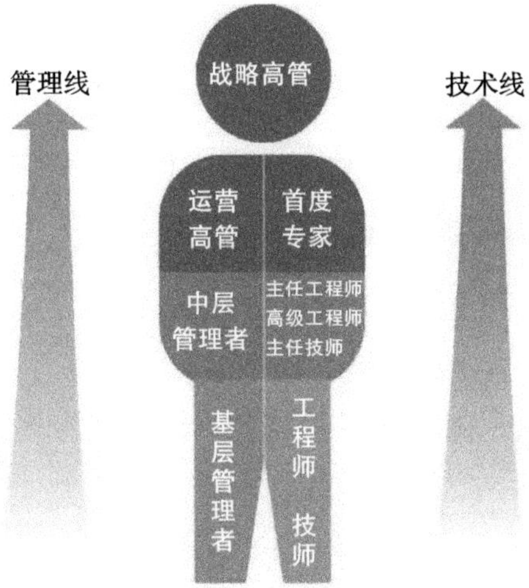

【随文探析】

人是生产力中最具创造力和最核心的生产要素，看一个企业有没有希望，首先要看其对人才的重视程度。

中广核作为我国核电领域的主力军，不仅是我国现代核电工业人才培养的摇篮，而且是我国人才培养的模范企业。从大亚湾的第一批“黄金人”到如今汇聚了多达 2 万名左右的各类技术、管理、经营人才，中广核已成为名副其实的人才“生产”基地。

这得益于中广核积极探索形成的人才培养体系和人才培养模式。其独特之处主要表现为，强化理念引导，凸显人才价值在企业价值创造体系中的重要地位；着眼未来，把人才培养当作系统工程来抓，形成立体化、网络化的人才培养平台；明确目标，以量身定制的方式，培养不同类型、不同层级的人才。

高质量的发展需要以高质量的人才为支撑，一流的发展目标需要一流的人才来实现。在中广核持续做优、做强、做大的背后，这套“人人能成才、人人想成才”的人才培养体系和机制发挥了无可替代的作用。

第八章

文化铸魂　行稳致远

文化是兴企之魂，任何一流的企业，都具有优秀的文化基因、深厚的文化内涵以及广受认同的价值观，并精心打造文化竞争力。从企业发展规律看，由创业阶段的关键人物引领，经过成长阶段的制度管理，最终过渡到成熟阶段的文化引领，是一个必然过程。

中广核作为与改革开放同行的中央企业，其发展之路与企业高举的使命旗帜、坚守的价值追求以及精炼的文化理念密不可分。大亚湾作为中广核事业起锚的港湾，也是中广核企业文化发展的源头，从开工建设的那一刻起，中广核就将“安全第一，质量第一，追求卓越”作为企业行稳致远的行动指南。在此后的长期实践中，进一步提炼出“一次把事情做好”的核心价值观，倡导“三实两基”作风要求，引领着全体干部员工奋发进取。

今天，中广核在海内外业务稳健发展的同时，更加注重文化引领，坚持用正确的导向塑造人、用务实的风气培育人、用优秀的文化鼓舞人，确保业务发展到哪里，企业文化就在哪里落地生根。同时，中广核还强调与时俱进地增强企业文化的包容性，强调领导干部的率先垂范作用。真正让企业文化内化于心、外化于行，成为集团核心竞争力。

1. 兼容并蓄的文化基因

企业文化的形成既是企业管理实践的产物，也受社会发展形态及人文因素的影响；既有其独立演变的过程，也是内外部因素相互作用的结果。

中广核扎根于改革开放前沿，企业文化初创于大亚湾核电站建设的管理实践，塑造于自主发展、创新发展、跨越发展过程中的管理变革。多元力量催生了独特的文化基因，并由此形成了开拓进取、责任担当、严谨务实、开放包容的企业精神特质。

改革创新的深圳精神

一方水土养一方人，企业所处的地域环境以及价值观，更能引起员工产生潜移默化的认同。中广核起源于深圳、壮大于深圳，直至今天，中广核仍是屈指可数的几个将总部设在深圳的中央企业，其企业文化深受深圳文化的影响，烙下了实干、创新、开放等鲜明的时代印记。

深圳作为我国改革开放的发源地和排头兵，创造了举世瞩目的“深圳速度”，从小渔村迅速成长为国际化大都市。早在 1981 年，深圳就发出了“时间就是金钱，效率就是生命”的时代强音。20 世纪 90 年代初，提出了“空谈误国，实干兴邦”的口号，旗帜鲜明地倡导“务实”的价值观和发展观。80 年代末 90 年代初，推出了“按国际惯例办事”的新理念，鼓励企业以开放的、国际化的姿态谋划发展。深圳改革创新、求真务实等城市文化潜移默化地影响着中广核。今天，外部对中广核的首要印象就是不尚务虚，讲求实效，活力旺盛，勇于创新。

在深圳博物馆老馆前，矗立着名为“闯”的雕塑：健硕的巨人，张开双臂用力撑开大门，新的天地跃然眼前。在莲花山公园，矗立着名为“自我完善”的雕塑，大力士挥舞着锤头和凿子，开山劈石、雕刻自身。这两尊雕塑传递着鲜明的城市符号，也与中广核的发展轨迹吻合。从引进国际技术到推动我国核电行业发展壮大，从成功研发出自主三代“华龙技术”到实现核电“走出去”，中广核始终保持着敢闯敢拼、自我超越的精神。

代代相传的使命情怀

企业创始人的价值观，对企业价值观的形成起着至关重要的作用。

1984 年，王全国出任广东核电合营有限公司董事长，直接领导大亚湾核电站建设，日夜奔波在建设工地。他不领核电一分工资，不要核电一间住房，参加董事会与司机一样，只领 5 元一天的出差补贴，全身心投入到核电事业发展，为我国核电事业起步打下了坚实基础。在 1985 年合营公司成立后的第一次员工大会上，他正气凛然地说：“要钱的，请便；要官的，请便；要出国的，请便！”1994 年 5 月 6 日，大亚湾核电站全面建成投产，9 月 29 日中国广核集团注册成立，他立刻请辞董事长职务，不要任何名誉职位。

合营公司时任总经理的昝云龙，从王全国手中接过带领中广核事业发展的接力棒，成为集团公司的第一任董事长。当时正值岭澳核电站上马的关键时期，如果能够采取大亚湾核电“翻版加改进”的技术路线，无疑将促进我国核电站建设走上标准化、序列化的道路，从而推进自主化、国产化的进程。在强烈的使命感推动下，昝云龙日夜奔波，“我们今天辛辛苦苦，是为了明天更大的辛苦！”即使是面部神经麻痹期间，也带病参加会议，向中央领导汇报情况，请求国家批准项目立项。议标谈判期间，外国公司谈判人员住在北京最好的五星级酒店，作为“老板”的中广核谈判团却住在大都饭店最差的三号楼，昝云龙也与大家一样住在普通标间。1997 年，岭澳核电站开工建设，中广核以实干与魄力开创了我国核电事业发展的新局面。

光阴荏苒，岁月悠悠，中广核始终牢记国家赋予的推动我国核电发展的使命，勇于担当，无私奉献，从王全国、昝云龙到王禹民、钱智民、贺禹，代代传承，从不敢有一丝懈怠。但那种叫使命的东西，已经根植于中广核人的血脉中，激发中广核人不为功利，不为声名，只为心中那份情怀。

开放包容的国际范儿

“站在巨人肩膀上跳高”，引进的目的是为了学习。中广核在初创阶段，就将众多国际一流公司作为学习对象，推动在技术、管理上全面与国际接轨。

大亚湾核电站的设备及服务实施全球采购，数千名来自法国、英国、美国等国家的专家常年在大亚湾工作，被称作“小联合国”。英语被定为大亚湾的工作语言，技术和管理上全面与国际接轨，包括引进法国电力公司的工程管理模式，实行国际工程项目管理的三级进度管理，树立“按程序办事”的工作理念和工作要求。不惜代价组织翻译《核电站系统设计手册》和《设备操作维修手册》两套基础技术文件，其中后者有 1.5 亿字，1000 多卷，排列起来超过 60 米，是我国迄今为止最庞大的翻译出版物。

1985 年，广东核电合营有限公司成立，作为合营方的香港中华电力，是一家不折不扣的百年老店。在合营过程中，中广核积极借鉴对方的管理制度及理念，在改革开放初期率先植入了现代企业制度，建立了完善的规范化、流程化、标准化和制度化的管理体系，形成管理清晰、职责明确、权责对等、强力执行的管理文化。

大亚湾核电站在原本封闭、传统、保守的计划经济环境中，选择对标国际一流，主动参与到国际话语体系中，注入了“国际化”和“世界一流”的文化基因。

安全始终是文化的核心

作为我国大陆第一座大型商用核电站，大亚湾核电站建设初期苏联发生了切尔诺贝利核事故。在此历史背景之下，国家明确了“安全第一、质量第一”的核电建设方针，中广核也将核安全视为管理活动的最高原则。

在中广核的文化演进中，不得不提大亚湾核电站建设初期的“漏筋事件”。这起标志性事件被称为中广核企业文化的“奠基石”，从此以后，“安全第一、质量第一”的理念在现场真正得以贯彻、落实。而安全文化毋庸置疑地成为中广核的“生命线”。

尽管后来中广核经历了不同的发展阶段，企业领导人因势利导地提出了不同的理念和口号，但“安全第一”始终是中广核企业文化的核心和灵魂，地位从未动摇过。

大亚湾漏筋事件

1987 年 9 月 14 日，刚开工不久的大亚湾核电站 1 号反应堆筏基发生漏筋事件，筏基第一层按图纸要求应放576根钢筋，实际放了260根。虽然核岛筏基设计的安全裕度很大，这并不算很严重的工程问题，采取一些措施后，可继续施工。

当时，延误一天工期贷款利息就高达100万美元。可是中广核坚持“安全第一、质量第一”的决心十分坚定，要求停工整顿、彻底查明原因和全面反思，并决定向新闻媒体主动通报。经过55天的紧张处理，除补放316根钢筋外，更在第二层底部加设钢筋网，钢筋总用量比设计增加10吨，漏筋事件得以妥善解决。

漏筋事件，使中广核经历了一场安全质量管理的洗礼。从此，安全文化成为中广核文化的灵魂。如今，大亚湾漏筋事件牢记在每一个中广核人的心中，安全文化也始终贯穿于中广核的成长历程，在一代代中广核人中传承着，在一块块中广核的业务版图中生根发芽。

2.“一次把事情做好”

2011年，日本发生福岛核事故，世界核电发展再次经历波折。面对严峻的外部形势，中广核提出要与时俱进地锻造优秀企业文化，推动企业从规模、速度向质量、效益转变。

企业文化共识

经两年多的酝酿，2013 年，中广核以“百年老店，基业长青”为出发点，从历史传承、现实改进、未来需要等维度，经过从上至下、从下至上反复思维碰撞，13000 多人参与问卷调查、38 位高管访谈、400 万字资料研读、不同层面的员工座谈等，在秉承“安全第一、质量第一、追求卓越”的基本原则下，确立了“一次把事情做好”的核心价值观。

中广核在发展历程中积淀的优秀文化基因和文化理念，在这次提炼中被赋予了新的定位和内涵，从理念、行为、品牌三个层面，构建了完整的价值理念体系——中广核企业文化共识。

理念层面	一、使命：发展清洁能源，造福人类社会
	二、愿景：成为国际一流的清洁能源企业
	三、基本原则：安全第一、质量第一、追求卓越
	四、价值观 （一）核心价值观：一次把事情做好 （二）基本价值取向 • 责任担当：想做事　能做事　做成事 • 严谨务实：重实际　干实事　结实果 • 创新进取：创　业　创　新　创　优 • 客户导向：客户需求就是我的需求 • 价值创造：人人都是价值创造者
行为层面	五、行为规范 （一）中广核人四条 诚信透明、专业规范、有效执行、团队协作 （二）管理人员四条 率先垂范、善于经营、关爱员工、公正廉洁
品牌层面	六、品牌口号：善用自然的能量

企业文化共识一经推出，就得到了干部员工的高度认同，这得益于提炼过程中坚持了三个基本原则。即：坚持传承性，抓住中广核在发展过程中身体力行并坚守的理念；坚持普适性，要适用于中广核不同业务领域，适用于当前及未来战略发展；坚持简洁通俗，做“减法”，去繁就简，去芜存菁。

这里面，更重要的在于，文化共识中的主要内容都来自一线，是大家耳熟能详的理念，是对“老理念”进行了“新解读”，是把中广核土壤中孕育出的那些广为认同的文化基因传承和发扬下去。

决策原则与执行原则

根据企业文化共识，“安全第一、质量第一、追求卓越”，属于决策原则，要求做正确的事。它除了强调“安全是生存和发展之基”外，更从核电安全拓展到环境安全和经营安全这一“大安全”理念，强调中广核各业务板块要以本行业的安全标准为基准，努力成为行业安全管理的标杆。

“一次把事情做好”属于执行原则，要求正确地做事，且力求更好。“一次”既指“第一次”就把工作做好，不留隐患；也指“每一次”都把工作做好，把每个阶段、每个步骤、每个环节的工作都做好。“做好”，包括用心做事、规范做事、尽力做事三个标准，背后隐含着强烈的主观能动性要求。对所有干部员工而言，只有每个人做好自己手里的事，每件事都能高质量、安全地完成，才是对“安全第一、质量第一、追求卓越”的最好落实。中广核将其比喻成“微积分”，从微分意义上看，主观上要始终以最终“一次做好”为目标，做好当下的每一个动作。从积分意义上看，“一次”是由很多微观的行动构成的，要通过一连串的动作达到最终“一次做好”的结果。

溯根求源，“一次把事情做好”来自中广核在工程建设和生产运营的现场实践中的管理理念、工作要求和行为习惯，包括“质疑的工作态度、严谨的工作方法、相互交流的工作习惯”“按程序办事”“四个凡事”“人人都是一道屏障”“创业、创新、创优”等。这些实践总结都是企业宝贵的精神财富，体现了对安全、质量的不懈追求。

不仅“做对”，更要“做好”

无论是核电工程建设和安全生产，还是风电、太阳能、核技术等其他产业发展；无论是项目开发、市场经营，还是科技创新；无论是立足当下，还是面向未来，中广核认为，坚持“一次把事情做好”的核心理念，把每项工作做扎实、做到位，就是对集团最好的贡献，就能推动企业和事业不断迈向卓越。

在中广核，“一次把事情做好”不仅要“做对”，更要“做好”，其本质就是追求卓越。以核电机组大修为例，按计划、按程序完成一项大修作业，实现机组按计划一次并网是

“做对”，实现大修工期优化并确保机组之后的一个运行周期内不因大修设备故障影响机组安全运行，才是“做好”。

实践中，“一次把事情做好”是做事理念和态度，不是考核指标，不是把自我禁锢起来不敢做事。这和鼓励创新，宽容失败并不冲突。在中广核，“做好”有三方面内涵：用心做事，事前精心谋划和充分准备，对风险考虑周全，及时发现自身不足，寻求新的思路和方法，努力办成事、办好事；规范做事，确保按程序办事，规范操作，符合工作标准，满足工作要求，在此基础上精益求精，力求达到更高的质量、更好的效益；尽力做事，当条件具备时应努力做到一次成功，当条件不具备时，只要尽心尽力做事，不留遗憾，即使短期内没有获得成功，也是“做好”的体现。

从 very good 到 perfect

2012 年 4 月 18 日，台山核电公司组织中核华兴、中建二局对穹顶施工进行优化讨论。由于有了 1 号核岛穹顶吊装的经验，大家对 2 号核岛穹顶吊装信心满满。突然，会场的一角发出一个声音：“2 号核岛穹顶吊装就位能不能比 1 号核岛更加精确？”

听到这个问题，大家一下子都沉默了。穹顶总重约 230 吨、直径 46.8 米、高度 13.6 米，要把这个相当于四个篮球场大小的庞然大物精确吊装就位的确不是一件容易的事情，更何况1号核岛穹顶吊装的成绩已经很优异了，外方专家当场给出了“very good”的评价。

大家讨论了各种可能性，终于找到了优化途径。2012年9月12日，2号核岛穹顶吊装开始，经过一个半小时的起吊、旋转、缓慢下降，穹顶安全、平稳、准确地就位在预定位置，299°至305°区域径向就位偏差精确至2cm，就位效果明显优于1号核岛。外方专家对2号核岛穹顶吊装就位给出了“perfect”的评价。

3. 重实际、干实事、结实果

务实，是外界对中广核的第一印象。在中广核，“一次把事情做好”不是理论口号，而是对应着“三实两基”的工作作风要求。2011年，中广核在召开集团庆祝建党九十周年大会上提出，“重实际，干实事，结实果；做好最基础的工作，练好最基本的功夫”，各级干部要率先垂范，不能搞浮夸，不忽悠、不搞虚的，踏踏实实干事。

无论从理论上还是实践中，“三实两基”的作风要求都与“一次把事情做好”的核心价值观密切相连，两者共同构成中广核企业文化体系的两大基石。“一次把事情做好”旨在强调工作态度，“三实两基”旨在强调能力要求，强调责任意识、务实精神和主观能动性。

做好最基础的工作，是实现“一次把事情做好”的基本保障；练好最基本的功夫，是实现“一次把事情做好”的能力要求；重实际，干实事，是实现“一次把事情做好”的出发点；结实果，是“一次把事情做好”的落脚点。

在实践中，“重实际”是方法论，就是坚持实事求是，一切从实际出发，了解和掌握客观情况，做到凡事求真务实。“干实事”是行为准则，就是做到脚踏实地，从每件实事做起，不弄虚作假，形成实实在在的干事风气。“结实果”是业绩导向，就是要重过程、更重结果，以工作成果体现干部员工的价值和业绩。

“做好最基础的工作”就是分析厘清各类工作岗位的基本要素，规范政策制度和技术标准，做好流程梳理、优化和再造，建立科学的工作流程和体系，实现精细化管理。“练好最基本的功夫”就是要针对岗位技能需求，找出干部员工基本功的短板，营造全员立足岗位练好基本功的良好氛围，打造一支业务素质好、技术能力强的专业化队伍。

现在，“三实两基”工作的作风，已渗透到中广核的各个业务领域，中广核人用自己的行动，默默践行着“实干兴邦”。

4. 让文化落地生根

从群众中来，到群众中去。在中广核，企业文化提炼形成后不是放起来、挂起来，而是通过一系列方法，在广大干部员工中间落地生根、开花结果，让文化成为工作态度和自觉行为。

抓好文化落地的“三个一”

中广核将企业文化落地作为一项长期战略性任务，通过推动文化落地，实现了整个队伍在语言、行为与习惯等方方面面的统一，进而形成强大的文化软实力。

中广核认为，要想让企业文化落地，需要抓住以下三个关键环节。

“一把手”率先垂范。文化落地要靠各级管理干部带头示范，中广核将企业文化作为“一把手”工程，要求各级管理层首先做到对企业文化共识的深刻理解，入脑入心。强调领导干部要做践行企业文化的表率，做推进企业文化的“吹鼓手”。中广核高层及各成员企业“一把手”纷纷通过带头宣讲及授课，下基层和员工座谈等方式，反复去讲，反复强化，让优秀文化在一线扎根。

一线员工积极参与。一线员工作为企业文化的真正载体，也是发挥文化力的主力军。文化建设坚持深入现场、深入一线，利用各级培训平台，将企业文化的培训和导入作为员工入门、入职和上岗的基本要求，充分发挥共青团和青年联合会等平台作用，采取研讨会、震撼教育、辩论赛等灵活多样的形式，促进文化落地，并推广到承包商队伍。

建立一支专业化的推进队伍。中广核所属各单位均将企业文化纳入培训大纲，通过开设企业文化师资培训班，甄选、考核、确定每家成员企业的企业文化教员近 200 名，为文化落地工作提供了资源保障。

不搞两张皮，不搞一刀切

中广核认为，文化建设与企业发展不能脱节，企业文化建设要围绕中心工作、融入中心工作、服务中心工作、提升中心工作，推动企业文化建设与生产经营、党建工作、廉政建设等工作的有机结合。

文化建设不是空喊口号，必须渗透于制度流程。将使命、愿景、核心价值观转化为具体可行工作目标、管理办法和执行措施，让每位员工知道该做什么，怎么做，要达到什么标准，有什么样的价值回报，从而将价值体系转化为全体员工的共同追求，激发员工活力和创造力。

将“安全第一、质量第一、追求卓越”“按程序办事”“诚信透明”“关爱员工”等文化理念植入制度流程，融入企业经营管理。将企业文化元素纳入中广核的人才招聘、考核机制、激励机制、选人用人制度中。

在统一贯彻落实集团核心文化理念的基础上，考虑不同业务板块的差异和文化特色。鼓励各单位在集团统一的文化体系指导下，结合各自的产业、发展阶段、地域等特点，融入创新性的文化元素，形成不同公司、不同产业的文化特色。

以培训为载体，持续推进文化宣贯

中广核尤其重视企业文化培训工作，打造全范围、全过程的企业文化培训体系。从 2014 年开始，全面实施“新员工企业文化”“新任中基层干部企业文化”“高管文化领导力”及“全员文化复训”四大培训项目。

新员工作为企业文化建设的源头和重点，培训中强调主人翁意识，以生活化及形象化的案例展示、参与互动式的体验来引导学员文化认同。

新任中基层干部企业文化网络课程，旨在帮助学员适应对自身“承担更大管理职能”的角色转变要求，设计重点是通过案例讲解、答题验证来加深对管理人员行为规范的理解。

高管文化领导力作为每年高管培训必修课，采用外部讲师与企业“一把手”授课相结合的方式，旨在强调高层领导在带队伍过程中要提升文化意识，以文化为抓手来推动各项管理行为。

全员文化复训是持续开展文化传递与文化教育的一种方式，目的是定期强化全员企业文化意识，让文化渗入到每一个人的思想和行为。

企业文化周

近年来，伴随着业务不断延伸，中广核的员工队伍快速壮大，员工的价值观呈现多元化，对整体的团队凝聚力建设提出了挑战。迫切需要通过文化共识的培养，将员工个体力量融汇为团队的整体力量，统一到企业的发展战略上。

从2014年起，中广核以品牌LOGO中的橙色为创意元素和情感符号，每年实施集团企业文化周（Orange Week），聚焦传递中广核大家庭的温暖、力量、美好与活力。通过文化寻根共聚、共飨文化盛宴、高管文化课堂等主打活动，激发广大员工的参与热情与内部活力。其中，“文化寻根”活动主打文化传承，按照“真人真地真感受”，邀请老员工、老领导在地标现场讲授地标故事，强化情感纽带与凝聚力。

目前，员工对企业文化核心理念的认同度达96.37%。企业文化充分调动广大员工的积极性、主动性和创造性，为中广核的持续稳定发展注入了生机和活力。

【随文探析】

中广核40年的发展成绩，与其使命担当、价值追求密不可分。从大亚湾起航时，中广核就把安全的发展、有质量的发展，追求卓越的发展，作为企业实现梦想的行为准则和精神支柱，逐步沉淀形成了“一次把事情做好”的核心价值观和“三实两基”作风要求。

中广核的企业文化，既继承了传统的优秀文化基因，又遵循了企业文化建设的客观规律，在不断丰富内涵的同时，依然保持原有的文化本色。自创建以来，中广核始终坚持党的领导，注重加强党的建设，充分发挥党员干部的先锋模范作用，“站起来是一面旗帜”，将红色文化基因和社会主义核心价值观深深地融入文化体系建设中，使中广核既能保持正确的发展方向，又能与时俱进地吸收先进文化的活力因子，成为中广核实现产业报国理想，迈向世界一流企业行列的精神支柱。

今天，中广核不仅取得了骄人的发展成绩，还积累宝贵的精神财富，激励一代代中广核人奋发进取、变革创新、精益求精、勇于超越。

第九章

和睦相融　责任担当

企业不仅要追求经济效益，也要关注资源、环境、人文等社会效益，承担社会责任，助力人与人、人与社会、人与自然的协调发展。承担社会责任既是企业走向成熟的重要标志，也是现代社会对企业的普遍期望。

中广核高度重视履行社会责任，将“发展清洁能源，造福人类社会”作为使命，倡导“善用自然的能量”的发展理念，把安全业绩、环保贡献、员工发展、社区共建、扶贫帮困等作为企业的责任担当，在“一次把事情做好”的价值引领下，源源不断地向社会提供核电、风电、太阳能等清洁低碳电力，以及生物废弃物治理、污水处理、危险固体废物处理等生态环保服务，主动回应社会关切和公众期待，全身心投入到美丽中国建设之中。

1. 透明沟通赢得信任

为促进核电安全发展，2018 年，我国《核安全法》正式颁布，明确要求核设施营运单位做好信息公开和核安全宣传工作，加强公众参与。中广核作为我国最大的核电运营商，这方面的工作一直走在前列。从建设大亚湾核电站开始，就将“透明”视为实现有效沟通、赢得信任的重要前提和应尽责任，不断探索更加开放、透明的公众沟通机制，积极搭建公众沟通平台，大力推动各方深入了解、理性看待核电发展。

主动公开环境监测数据

环境监测是保护生态环境的基础工作和重要手段，核电站周边环境监测更是重中之重。

国家生态环境部按照《全国辐射环境监测方案》和《辐射环境监测技术规范》，对核电站周围辐射环境进行监测。监测结果显示，我国在运核电基地周围测得的空气吸收剂量率在当地天然本底涨落范围内，水体、土壤、生物等环境介质中放射性核素活度浓度与历年相比均未见变化，没有对环境和公众健康造成影响。

中广核高度重视环境监测，建立了面向全核电基地，完善的环境监测体系和环境巡检记录体系。监测系统持续对核电站周边 10 公里范围内的空气、土壤、水、陆地生物及海洋生物环境介质进行定期监测与分析，及时向公众公布主要监测数据，接受社会和公众监督。

以大亚湾核电站为例，10 公里半径范围内共设有 10 个监测站，实时监测放射性水平。监测结果表明，核电基地周边地区环境放射性水平与运行前的本底数据相比没有变化，区域内陆地海洋生物种群数量没有发生变化。

2011 年日本福岛核事故之后，中广核建立了大陆首个“核电站核与辐射安全信息公开平台”，所有在运核电站均开通了核与辐射信息公开平台，每月在网站公开运行指标、环境监测、三废管控、辐射防护等信息，并对所有公众开放。所有 0 级及以上核事件在 2 个工作日（节假日 72 小时）公开，充分保障公众对核电机组运行的知情权，以“透明核电”品牌形象争取公众支持。

请进来，让公众近距离了解核电

为了拉近核电与公众的距离，中广核大力发展核电工业旅游、科普展览互动式交流平台，增加公众对核电的认识，拉近公众与核电的距离。

在确保核安全的前提下，中广核开放核电基地供公众参观，15 人以上的公众团体，提前半个月预约即可参观。2013 年，中广核开创行业先河，提出了“体验式科普”概念，将大亚湾核电站开工纪念日 8 月 7 日确定为“公众开放体验日”，邀请政府部门、监管机构、行业协会、媒体记者、意见领袖、社区代表、网民等走进核电站，进一步增强公众沟通成效，激发公众参与热情。2015 年，国家核安全局将这项特色活动提升至全行业的高度，要求全国 16 大核电基地在 8 月 7 日前后集中面向公众开放，共同打造透明的核电生态圈。

为满足更多公众的关切，中广核整合新媒体、主题展板、核电科普手册、地方媒体等渠道平台，建设内容丰富、形式多样的常设型科普展厅。2017 年 9 月，中广核首个省级大型核电科普展厅正式落户广西南宁，成为广西重要的核电科普教育基地，也是“华龙一号”示范项目的重要形象展示窗口。同年 12 月，全国首批“能源科普教育基地”正式挂牌，中广核下属的大亚湾、阳江、台山、宁德、红沿河、防城港六大核电基地同时荣获此称号。目前，中广核在集团总部、各核电项目拥有的常设型科普展厅达到 12 个，365 天面向公众开放，参观嘉宾、公众累计超过 70 万人次。

8 · 7 公众开放体验日

防城港核电基地是 2015 年集团“8 · 7 公众开放体验日”活动的主会场。来自国家部委、兄弟企业、公众群体等代表共计 100 余人参观了核电站和主题论坛活动。甚至有来自吉林的公众代表坐了 54 个小时的火车硬座，赶到防城港参与活动。

2016 年，体验日活动在大亚湾、台山、阳江、宁德、红沿河、防城港等核电基地联动举行，诞生了中广核“第 50 万名核电站参观者”。

2017 年，为纪念大亚湾核电站建设 30 周年，体验日活动以“牵手一生，一次把事情做好”为主题，组织了“大亚湾最美婚纱”活动，邀请全国 30 对幸运夫妻前往大亚湾核电基地进行两天一夜唯美之旅拍摄，并在核电基地直播，在全国核行业成为热点话题。核电基地的美景，走进千家万户，传达了温情、美好的形象，向全国公众做了一次最生动的科普。

走出去，大力普及核电知识

在把公众“请进来”深入了解核电的同时，中广核还积极“走出去”宣传核电，通过社区定期汇报，核电科普进校园、进社区，展会及品牌活动等多种方式，促进公众对核电项目的理解与支持。

2018 年，中广核邀请获得国内环保领域最高奖项“绿色中国年度人物”的 9 名人士担任中广核科普大使，近距离感受生态核电、了解核安全文化，进而带动影响全社会共同关心、支持核能发展。

结合公众沟通、核电科普、市场开发等需求，中广核形成中国核工展、法国核工展、高交会、东博会、海交会、海外展的参展格局。2017 年，在阿斯塔纳世博会上，“华龙一号”自主核电品牌“闪耀登场”，吸引了十余位国家首脑、数十万国际游客参观。

2018 年，中广核共组织了近 20 次新闻发布会和媒体通报会。发布内容除核电安全生产情况，还包括科技研发、环境保护、社会责任等信息，使媒体和公众可以从多个角度来认识和了解核电企业。集团各大基地、核岛厂房多次通过央视《大国工匠》《新闻联播》《欢聚中国节》《科技之光》等节目进入公众视野。各核电基地均开通官方微博和微信，建立超过 100 个平台的社交媒体矩阵，年阅读量超过千万人次。

核电课程进课堂

2013 年，中广核在红沿河核电站附近 31 所中学率先开设核电科普课程。2014 年，中广核六大核电基地联合发力，与当地教育部门合作，在基地周边学校开设一个学期的科学素养课，包括核电知识理论课、实地体验课、参观课等。

2016 年，大亚湾核电“核电科普进校园”系列课程在深圳中学高中部启动，报名人数在所有选修课程中排名第一。大亚湾核电站组建了强大的授课志愿者团队，每一节课都安排高级操纵员等“教师”进行教学，并组织学生走进大亚湾核电基地，在碧海蓝天中“眼见为实”。

目前，核电科普课程已在所有核电项目周边推广，涉及广东、辽宁、福建、广西、湖北等九个省份，超过120所学校参与，覆盖2万余名学生。

2. 让天更蓝、水更清

拥有天蓝、地绿、水净的美好家园，是每个中国人的梦想。中广核铭记“绿水青山就是金山银山”的发展观，坚持以核电为主，发展各类清洁能源，围绕环境治理、生态保护拓展新业务，在生态文明建设中力争发挥更大作用。

善用自然的能量

企业品牌代表着企业的发展方向和公众形象。“善用自然的能量”，读来如清风拂耳，没有铿锵的豪迈，没有人定胜天的自大，字字真切，深深渗透着协调发展、创新发展、绿色发展的理念。它强调，以先进的能源利用技术，让更多的人使用清洁能源，为更多的人营造绿色环境。

解读其中含义，一是“善于”，专注清洁能源发展，以成熟、可靠、先进的能源技术，提供安全、清洁、经济的电力；二是“善待”，在提供清洁能源的过程中，高度重视公众、环境和员工的安全，为客户、股东和合作伙伴创造价值。

在“善用自然的能量”品牌指引下，中广核积极布局，助力中国及全球的清洁能源及绿色低碳发展。同时，努力降低生产经营过程对环境的影响，持续提升燃料使用效率，降低废弃物排放，减少日常工作的资源消耗。

2018 年，中广核清洁能源上网电量约 2320 亿千瓦时，等效于减少消耗标准煤约 7147 万吨，减排二氧化碳约 1.7 亿吨，相当于种植 52 万公顷森林。

马背上的牧民有了新“太阳”

从新疆喀纳斯机场一路向南驱车，在戈壁滩和草原更迭的深处，有一片绿草丰腴的开阔地带，便是布尔津县窝依莫克乡阿克布勒根村，同时这里也是哈萨克族聚居地。300 多户人家散落在茫茫戈壁和草原上，每年他们要用马驮着全部家当 4 次搬家，往返 8 次，黑夜的寂寥是他们世代的沉吟。

在冬日的寒风里，毡房里看到哈萨克牧民红扑扑的面颊像温暖的太阳。看到中广核新能源公司的人，他们高兴得弹起冬布拉。“是他们给我们马背上加了个太阳。”

这里，平均海拔 1000 多米，年日照时间 2000 多小时，光热资源特别丰富。中广核新能源公司在助力新疆新能源业务发展的同时，积极承担了阿勒泰无电地区的电力建设任务。通过光伏独立供电，不仅毡房里装上了电灯，用上了电器，而且走到哪里，亮到哪里。独立的太阳能系统，轻巧坚固，不怕马背上的颠簸，安装也只需五分钟，简单得如同骑马备鞍。

“马背上的太阳”解决了阿勒泰地区近2万无电人口的用电问题，给牧民们带来了更多的光明和温暖，用实际行动践行了“善用自然的能量”。

大力发展环保产业

“十三五”以来，中广核紧抓国家生态文明发展机遇，将环保业务列入集团新业务探索的方向，以污水处理、危险废物处理和生物废弃物治理等业务为切入点，发挥技术驱动产业发展优势，助力国家解决生态环境面临的突出问题，打赢“蓝天、碧水、净土”三大保卫战。

中广核在掌握核电站低放废物处理技术基础上，自主研发出国际领先的等离子体固体废物处理技术，获得第十八届中国专利优秀奖。该技术利用热等离子体5000℃—10000℃的高温和高能量密度分解废物，产物为玻璃态无机物，无须堆存或填埋，无二次污染，气体排放达欧盟标准，完全替代危废填埋和焚烧，被誉为“固废终结者”，可用于医疗垃圾、电子垃圾、飞灰、重金属污泥处理等难点领域，环保及经济价值显著。广东清远示范工程已通过验收，正在广东东莞、江苏无锡、甘肃兰州同步建设三个产业化应用项目。

中广核与清华大学联合攻关，在难降解的废水处理及工业废水深度处理领域，成功研发了电子束处理废水技术，通过高能电子在水中产生的强氧化性自由基，分解污染物和杀灭病菌。该技术为国内首创，国际领先，可以广泛适用于印染行业、医疗行业（医院污水、医疗废物）、制药行业（抗生素废水、菌丝菌渣）、化工行业、精密电子行业等，并在药物残留和抗生素处理方面具有特效。目前，浙江金华印染废水示范工程的废水出水已经达到直排标准，每吨废水处理还可节省费用 1.4 元。

在国家乡村振兴战略引领下，中广核大力进军生物天然气领域。生物天然气具有环保、能源多重属性。从能源角度看，它是零碳能源，通过直接并入城市燃气管网或提供给加气站，能够促进低碳经济发展；从环保属性看，以秸秆、畜禽粪污为原料，能够有效缓解地表污染以及秸秆焚烧造成的大气污染，改善农业生态环境；其副产品——有机肥的施用，能够推动优质绿色农产品生产，保障食品安全，促进现代循环农业发展。

河北衡水项目——亚洲最大的生物天然气项目

河北衡水位于华北平原，是全国重要的粮食、棉花生产基地和京津重要的农副产品加工供应基地，玉米种植、养殖业、酿酒业发达，但同时秸秆焚烧、畜禽粪和酒糟处理带来了一系列严峻的环境问题。

中广核在河北衡水投资建设了亚洲单项目规模最大的生

物天然气项目，利用秸秆、酒糟等作为发酵原料，制备沼气进而提纯生物天然气，同时生产有机肥。2017 年 12 月项目正式投产，取得了良好的经济效益和生态效益。

该项目的主要工艺、设备均采用国际先进、成熟的技术，填补了国内行业的多项空白，为我国超大型沼气项目达到国际领先水平做出积极贡献，为河北省乃至全国范围内推动资源型城市能源结构的升级做出了示范。

3. 与社区融合发展

企业是社会的组成部分，更是所在社区的组成部分，与社区建立和谐、融洽的关系是企业的一项重要社会责任。中广核在实现企业发展的同时，按照建设一个项目、带动一方经济、造福一方百姓的理念，建立利益共享机制，积极融入当地建设和发展，构建和谐、友好的“邻里”关系。

生态核电

中广核秉持尊重自然、保护自然与海洋生态、自然生态和谐共存的原则，与中国能源研究会共同开展中国生态核电模式的研究。研究期间，发现国内外多是单一的环境保护法规，没有涵盖社会、人文以及环保的综合性的生态法规标准文件。因此，中广核首次提出了综合性的生态核电指标体系标准，为核电发展提供了新思路。

中广核认为，生态核电是继承现有核电清洁、低碳、绿色等属性，并逐步与周边自然环境、社会环境形成共生、互生和再生的关系，使核电与周边的自然环境、社会环境、经济发展相互作用和协同发展，强调将生态作为贯穿核电站设计、建设、运营全周期的核心理念，主动减少对环境的影响和资源的占用，结合周边发展规划与地方协同共融发展。

在遵守我国现有核电法规、标准的前提下，在符合核电安全可靠、环境相容、技术可行和经济合理的基础上，中广核初步构建了生态核电的指标体系。对生态核电厂设立了三个一级指标，分别是环境影响度、资源占用度和社会和谐度，并以此展开二级指标体系的建立。

广东惠州生态核电项目

惠州市经济社会发展良好，自然生态环境优越，隶属粤港澳大湾区，具备开展生态核电示范的良好条件。在地方政府的大力支持下，中广核制订了《惠州生态核电规划》，具有积极的示范效应。

惠州生态核电规划方案聚焦四个绿色发展目标，绿色电站、绿色生产、绿色产品、绿色生活。采取六大生态化重点举措，包括空间布局、生产技术、自然环境、人居生活、社会人文、“核电＋”经济圈的生态化，推动生态核电建设。旨在形成惠州核电与环境之间“共生、互生、再生”的良性发展局面，实现“生产、生活、生态”的更好平衡，共同打造四层生态圈——核电站核心区、周边村镇、惠州市和深汕合作区、粤港澳大湾区。

惠州核电作为生态平台，引导各方利益相关者找到合作共赢的最大公约数，最终构建绿色、和谐、繁荣的惠州核电生态圈。

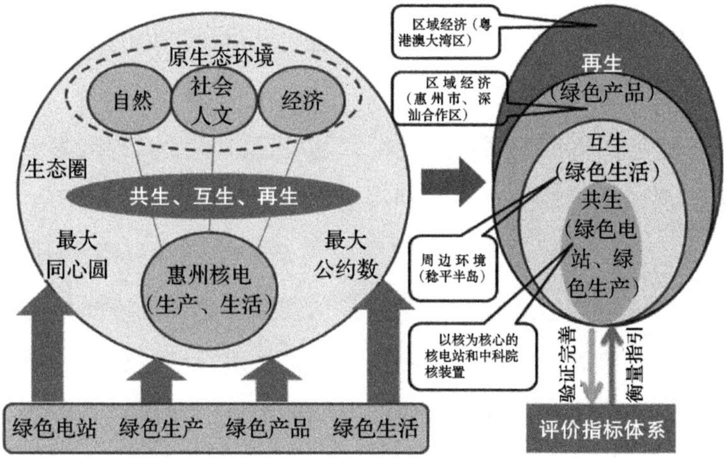

积极参与社区建设

企业与社区就像树与土的关系，互为依存。中广核在项目前期开发中，紧扣社区居民最关注、最直接的安全、友爱、温暖三个方面，创造性提出了社区沟通 3N 模式：安邻、友邻、暖邻。以真诚有效的沟通，促进发展共赢之共识，通过理念宣贯、行为传递，由点及面、共建共筹，形成“以一及二、二及三、三及所有”的传递、带动和裂变效应。

安邻，突出安全信息披露，重视安全沟通，并细化为一系列有效措施，确保核电安全运营，坚持透明沟通，将核电神秘感转变为安全感，做安心的邻居。

友邻，以保护生态环境、促进人文发展为核心，将保护项目周边社区的生态环境和生物多样性作为重要职责，与社区居民真诚沟通，了解并积极回应社区居民的期待，并通过维护和改善社区的生态环境、促进社区传统文化的发展等举措，与邻居友好相处。

暖邻，将每个项目建设视为与社区共享发展的机遇，在项目建设和运营的全过程中与当地政府和社区携手合作、共同谋划，扩展核电产业带来的经济增长和就业机会。比如，大亚湾核电基地成立社区基金，主要用于鹏城、岭澳社区以及大坑村等居民区内部道路、小区供排水系统、绿化、老人活动中心等基础设施建设。红沿河核电基地建立了“一对一村企联系机制”，积极支持社区基础设施建设。

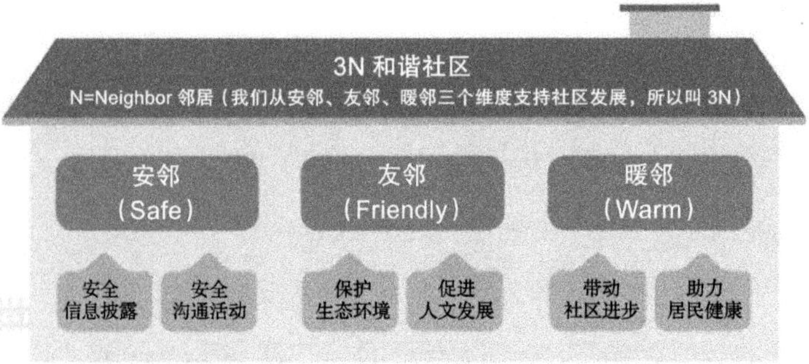

发展一个项目，带动一片地区

阳江核电公司在推进项目建设的同时，在周边同步推进基础设施建设、奖教助学与精准扶贫等工作。

位于广东省阳春市的崆峒村，以果蔬种植、牲畜养殖为主，但由于交通不便、劳动力少、农产品加工产业链不完善，农产品销售渠道不畅，村民增收缓慢。在接到驻村扶贫干部反馈的这一信息后，阳江核电公司决定从拓宽农产品销路入手，通过“核电搭舞台，合作社拓销路”的“精准扶贫”方式，帮助贫困户拓宽销售渠道，增加经济收入。

阳江公司累计投入760多万元，对崆峒村开展了包括光伏发电、道路亮化、危房改造、道路硬底化、饮水安全工程等项目建设。其中，崆峒村光伏发电项目是阳江首个用于扶贫的分布式光伏发电项目。项目建成后，村民家里发出的电卖给供电局，上网后由供电局结账给具体的村农，没有中间环节。所安装的贫困户每年将有3800至7000元的收益，这样的收益可连续享受20年以上。

2012年至今，阳江公司先后支持当地东平公路、东平镇滨海路、迎宾路、飞鹅岭核电科普公园等项目建设，提升了地方基础设施环境，创造就业岗位3000多个。每年出资15万元支持东平镇开展奖教助学活动，获奖教师学生近1000人次；每年投入20万元开展周边敬老帮困慰问活动，营造了良好的睦邻关系，为阳江市经济社会发展做出了积极贡献。

保护生物多样性

中广核是生态和谐发展的倡导者。在项目规划设计阶段，就有意避开生物多样性高价值的区域，从源头减少对生态的影响。在项目建设、运营过程中，通过生态修复、对栖息地调查研究、制定动植物保护对策等措施，实现与周边的动植物和谐共存。

中广核在项目施工过程中，注重就地取材，减少对原有水土的破坏，对珍稀植物进行移栽，保存腐殖土，结束后再恢复绿化。项目运行阶段，定期对电厂附近海洋生物进行生态调查，利用卫星遥感、测量等手段开展水温监测，优化排水工程方案。定期开展增殖放流活动，保护水域环境与生物多样性。与动植物研究机构长期合作，加强对当地特殊动植物的保护。

2017 年，原国家环境保护部批准中广核运营培训中心成为“第一批国家环境保护培训基地”。目前，该基地成为国家开展环保干部人才培训的重要场所。

你好，动植物朋友们

大亚湾核电站不仅提供清洁能源，还是一个生机盎然的“野生动植物园”。属于国家二级野生保护动物的蜥蜴，是大亚湾核电人常见的小伙伴，国家二类保护植物禾雀花也在这里扎根生长。多年来，成群白鹭一直是大亚湾的靓丽风景。中广核的 LOGO 就是一只白鹭。

阳江核电站加强周边海域生态建设，有“海上大熊猫”美誉的中华白海豚，频频前来玩耍。在红沿河，得益于核电站对周边海域环境保护的注重，为国家二级保护动物黄嘴白鹭生息繁衍创造了非常优越的条件，近年数量超过百余只，达到前所未有规模。

在全球化发展中，中广核将生态环境保护的优良经验带出去。在纳米比亚湖山铀矿项目建设中，为保护“世界八大珍稀植物”之一的纳米比亚国花千岁兰，中广核聘请当地的植物学家共同研究，优化项目设计线路，原计划需要移植 200 棵的千岁兰，最终只移植了 3 棵，对沙漠生态环境的影响降到最低。

4. 脱贫路上一个都不能少

2002 年以来，中广核通过夯实基础设施建设，对特困群众进行救济和帮扶等，在对口帮扶广西凌云县和乐业县、新疆阿勒泰与阿克苏地区的工作中交出了实实在在的成绩单。党的十八大以来，进一步立足于产业扶贫、精准扶贫，结合企业自身优势，给扶贫工作输入“核动力”。截至 2018 年年底，中广核累计投入扶贫资金超过 2.1 亿元，足迹覆盖新疆、西藏、广东、广西、四川等省，逐渐形成了产业扶贫、教育扶贫、协同发展扶贫的三大扶贫模式。

乐业县的产业脱贫之路

坐落在大山深处的广西乐业县，长期以来因交通不便，面临着严重的发展之殇。2002 年，乐业县成为中广核的定点扶贫单位。从那时起，中广核就在这块红色土地上不断协力耕耘，以精准扶贫理念为指引，帮助当地百姓逐步脱离贫困。

中广核先从村民最迫切的需求开始，投入资金帮助乐业县改善医疗就学条件、优化基础设施、救济帮扶特困群众。村民的生活条件改善了，但收入没有增加。经过深入考察和多次沟通之后，中广核决定提供资金、技术帮助，扶持当地特色产业，为贫困村民创造增收途径。

乐业县是全国有机农业基地示范县，气候条件非常适宜猕猴桃生长，地方特优产品红心猕猴桃，更是取得了国家地理标志。中广核率先投入 245 万元，帮助全达村建设 245 亩猕猴桃产业园区。在此基础上，募资 2000 万元，帮扶乐业县建设 2000 亩猕猴桃产业园。根据猕猴桃种植产业特点，统筹考虑贫困村闲置土地较多、贫困户劳动力大多外出务工、无实际经营能力等情况，确定了“土地租赁，地租扶贫；农户捆绑，务工扶贫；分红激励，提高收益；滚动发展，扶贫兜底”的项目帮扶模式，确保贫困户在 2020 年全县脱贫摘帽后，仍有持续稳定的产业收入，实现稳定持久脱贫不返贫。

中广核想方设法地帮助乐业县丰富猕猴桃的销售渠道，助力乐业县猕猴桃销售，仅 2018 年就帮助销售猕猴桃 200 万元。

种植猕猴桃之后，不仅村民脱贫了，村集体也有了稳定收入。中广核千亩猕猴桃产业园的帮扶模式，正在乐业县油茶、芒果等特色农副产品扶贫项目上复制、推广。

凌云县“白鹭班”，开启教育扶贫新篇章

中广核高度重视教育扶贫工作，在该领域用心耕耘了十余载，持之以恒、久久为功，累计投入教育扶贫资金约 2500 万元。经与县委县政府沟通，决定开设“中广核一凌云县特少数民族白鹭班”（简称白鹭班），并于 2017 年 10 月正式开班。

中广核党委高度重视白鹭班，将其列为集团精准扶贫战略焦点重点项目，明确由一名班子成员直接分管，由中广核大学负责实施，与凌云县第二中学（初中）和凌云高级中学（高中）两所学校对接，三年内共计投入 500 多万元，定向招收瑶族、壮族等少数民族贫困家庭学生 650 名。旨在将扶贫与扶志、扶智、扶技相结合，全面培养学生的思想品德和文化水平，培养少数民族家庭脱贫致富的顶梁柱。

“扶志”，重在激发学生成长与脱贫的内驱力。定期开展“白鹭大讲堂”，邀请“大国工匠”、高级管理干部、优秀中青年专家、“最强大脑”等先进人物分享奋斗经历和经验感

悟。定期举办“白鹭夏令营”，组织学生们到南宁、深圳等地，参观核电站、广西大学、博物馆、科技馆等各类场所，帮助学生增长见识。

“扶智”，重在提高学校教学能力和学生学习能力。主动将中广核 200 余门实用视频课程共享给学校。建立教师考核和学生评优激励机制。面向学校管理层和科任老师设置育才奖、园丁奖、薪火奖。面向学生评比优秀学生和进步学生，定期表彰，颁发奖金和奖状。针对地方英语教学能力不足的问题，先后组织英国籍、法国籍外语教师开展短期支教，极大提升了学生英语学习的兴趣。

“扶技”，重在在校期间开展职业技能培训。面向高一和高二学生开展职业技能培训，并取得国家职业技能鉴定证书，为将来就业打下基础。对考上国家重点院校的高三优秀毕业生，继续予以资助。

2018 年首届 100 名高三学生专科上线率 100%，本科上线率达到 81%，共有 27 名学生被大专院校录取，56 名学生被本科院校录取。另有 15 名学生因有更高读书目标选择复读，2 名学生选择直接就业，实现了“一个都不能少”的工作目标。

白鹭班的良好实践，得到了教育部、广西壮族自治区、广东省等相关领导的书面批示肯定，国务院扶贫办在《扶贫信息》专刊上对此进行了专题报道，并将其评为选 2018 年度企业精准扶贫案例。目前，此模式已被复制到四川凉山扶贫点。

宁德“和茶”，帮扶共致富

福建省福鼎市晴川湾畔，坐落着我国海西首座核电站——宁德核电站。

2007 年，宁德核电因项目建设需要，征收福鼎市太姥山镇牛郎岗备湾自然村的全部土地。为解决失地村民的生计来源问题，宁德核电联合地方政府，多次召集备湾村村民代表开会寻找可持续发展之路。

2008 年，在宁德核电站的支持和帮助下，备湾村成立了荣发园林公司。宁德核电站荣发园林公司的 200 亩茶园，聘请园艺专家，对公司 26 名村民进行了专业培训，并安排他们打理茶园，种植的白茶命名为“和茶”。

经过十多年的发展，如今的园林公司已发展成为固定资产 500 多万元，年营业收入 700 多万元的企业。除承接茶园维护外，荣发园林公司从 2009 年开始陆续增加了果园维护、道路绿化养护、取水口海生物及杂质打捞、零星工程等业务，公司经营范围不断扩大，营业额逐年增加，村民收入显著提高。目前，部分村民一户有两三个人在园林公司就业，户均年收入十多万元，村民生活相比搬迁之前有了翻天覆地的变化。

2016 年 7 月，宁德核电一期项目全面建成，向八闽大地输出源源不断的清洁核电的同时，为闽东经济的腾飞配置了“核动力”。

【随文探析】

从企业角度看，社会责任是关系企业可持续发展的重要命题；从社会角度看，企业社会责任则是关系社会进步的重要内容。当前，我国社会主要矛盾已经转化为人民日益增长的美好生活需要和不平衡不充分的发展之间的矛盾。解决这些“不平衡不充分”，不仅仅是政府的责任，同时也是社会企业、社会组织、商业机构共同的责任。

中广核成立以来，始终站在国家利益和社会利益的高度，用实际行动回馈社会、反哺自然。建立了完善的企业社会责任管理体系，将和谐共进、和睦相融的责任目标融入企业发展，坚持透明、真诚、坦荡，以“干实事、见实效、结实果”的作风，在加强环境监测、保护生物多样性、提升社区服务、促进员工成长、实施精准扶贫等方面真抓实干，取得了实实在在的社会效益，赢得了政府、公众的信赖与支持。

附录

中国广核集团40年发展大事记（1978—2018年）

1978年

12月4日，邓小平同志在会见法国外贸部长弗朗索瓦一行后，宣布中国已决定向法国购买两座核电站设备，拉开了我国核电发展的序幕。

1979年

11月20日，广东省电力局和香港中华电力公司举行合作建设核电站的第一次会议。

1980年

3月27日，广东省核电领导小组及核电办公室成立，正式推动在广东省建设核电站。

1982年

12月13日，国务院常务会议正式同意在广东省建设核电站，我国核电发展事业开始起步。

1983 年

6 月 1 日，广东核电投资有限公司成立，作为建设大亚湾核电站的中方投资者。

1984 年

1 月，邓小平同志在深圳视察期间，专门指示要求建设好大亚湾核电站。

1985 年

1 月 18 日，广东核电投资有限公司与香港核电投资有限公司在北京签署了广东核电合营有限公司合营合同；次日，邓小平同志接见了参加签字仪式的港方代表团。

2 月 9 日，广东核电合营有限公司正式成立，是当时我国注册资金规模最大的中外合资企业。

1987 年

4 月 8 日，广东核电服务总公司成立，为大亚湾核电站建设及中广核发展提供后勤服务保障。

8 月 7 日，我国第一座百万千瓦级大型商用核电站——大亚湾核电站主体工程正式开工。

1988 年

8 月 12 日，广东大亚湾核电站核安全咨询委员会成立，建立了面向港澳的核安全沟通平台，开创了我国核电公众沟通的先例。

1990 年

6 月 21 日，中共中央总书记江泽民视察大亚湾核电站，并题词“安全第一、质量第一”。

1991 年

1 月 13 日，全国人大常委会委员长万里视察大亚湾核电站，并题词“加强协作、保证质量、如期完成”。

1993 年

1 月 4 日，国务院总理李鹏视察大亚湾核电站，要求建成一个安全有效率的核电站。

1994 年

2 月 1 日，大亚湾核电站 1 号机组投入商运，实现我国大型商用核电站零的突破。

2 月 5 日，国务院总理李鹏在深圳主持召开总理办公会，决定成立广东核电集团，成为中央大型企业工委管辖的第 56 个试点企业集团，实行计划单列。

9 月 29 日，中国广东核电集团有限公司完成工商注册登记，按照“以核养核，滚动发展”方针，推动我国核电自主化发展。

1995 年

10 月 4 日，岭澳核电有限公司成立，全面负责岭澳核电站投资建设。

10 月 25 日，国务院总理李鹏出席岭澳核电站主设备供应合同签字仪式，指出国有企业的改革要把建立现代企业制度放在首位，中广核应为全国做出样板，继续成为改革开放的典范。

1997 年

5 月 15 日，岭澳核电站一期主体工程开工，是落实“以核养核、滚动发展”的第一个项目。

7 月 1 日，大亚湾核电站提前两年由中方人员接任厂长，实现了百万千瓦核电站的自主运营。

7 月 22 日，大亚湾核电财务有限公司成立，为核电发展提供资金保障服务。

1998 年

10 月 29 日，中广核教育培训委员会成立，统筹全集团教育培训工作。

1999 年

大亚湾核电站首次参加法国电力公司组织的同类型机组核安全挑战赛，目前累计获得 38 项次第一名，位居全球首位。

2001 年

1 月 31 日，全国人大常委会委员长李鹏视察大亚湾核电基地，指出继续发展核电是正确可行的。

2002 年

5 月 28 日，岭澳核电站一期 1 号机组投入商运，实现了我国百万千瓦核电站“自主建设”的突破。

7 月 1 日，全国人大常委会委员长李鹏会见了岭澳核电站一期各参建单位代表，称赞“岭澳核电站比大亚湾核电站更进了一步，建设得更好，工期更短，造价更低”，并要求按照“以核养核”的方针进行岭澳二期建设。

2003 年

1 月 23 日，国家电力公司所属苏州热工研究所划归中广核。同年 7 月 7 日，转制成立苏州热工研究院有限公司，成为核电发展的重要技术支持力量。

3 月 12 日，大亚湾核电运营管理有限责任公司成立，是我国核电行业第一个专业化的运行管理公司。

4 月 25 日，中广核能源开发有限责任公司成立，迈出了探索非核清洁能源开发与投资的步伐。

2004 年

2 月 20 日，中广核工程有限公司成立，是我国核电行业第一个专业化的核电工程建设管理公司。

2005 年

1 月 7 日，国务院总理温家宝视察大亚湾核电基地，指出我国核电发展的前景十分广阔，条件基本具备，要按照中央关于发展核电的决策和部署，不断地推进核电建设。

2 月 13 日，全国政协主席贾庆林视察大亚湾核电基地，表示中广核是发展我国核电事业的有生力量，是种子选手。

2 月 23 日，阳江核电有限公司成立，在我国首次一次性核准 6 台核电机组。

5 月 18 日，深圳中广核工程设计有限公司成立，是国内第一家集全厂设计、核电设计和常规电力设计能力为一体的专业化核电工程设计公司。

8 月 16 日，中国广东核电集团核电学院成立，开始统筹中高级经营管理人才的集中培训。

10月18日，北京广利核系统工程有限公司成立，是国内首家专业化从事核电数字化仪控系统研发制造的企业。

12月15日，岭澳核电站二期主体工程正式开工，是我国第一座采用自主二代改进型品牌技术CPR1000的百万千瓦核电项目。

2006年

3月23日，福建宁德核电有限公司成立。

8月15日，中广核铀业发展有限公司成立，承担国家铀资源战略保障任务。

8月28日，辽宁红沿河核电有限公司成立。

11月8日，中科华核电技术研究院有限公司成立，成为核电技术研发主要平台，后更名为中广核研究院有限公司。

2007年

2月12日，中广核风力发电有限公司成立，正式进入风电开发投资领域。

8月18日，红沿河核电站1号机组正式开工，这是中广核走出广东省建设的第一个核电项目。

11月26日，中广核与法国阿海珐集团、法国电力公司签署台山项目合作协议和合资合同，共同投资建设台山EPR三代核电项目。

2008 年

2 月 18 日，宁德核电站 1 号机组正式开工。

9 月 3 日，广西防城港核电有限公司成立。

11 月 7 日，中广核铀业发展有限公司获取核燃料进出口专营资质。

12 月 16 日，阳江核电站 1 号机组正式开工，是广东省第二个核电基地。

2009 年

2 月 7 日，国务院副总理李克强视察大亚湾核电基地，要求坚持自主创新，开发使用世界先进的数字化主控室。

8 月 27 日，中广核太阳能开发有限责任公司成立，正式进入太阳能开发投资领域。

9 月 29 日，在国家副主席习近平见证下，中广核与香港中华电力公司签署大亚湾核电站延长 20 年合营期合同，进一步深化了内地与香港在核电等清洁能源供应领域的合作。

12 月 21 日，台山核电合营有限公司成立，负责三代核电技术 EPR 项目建设。同日，台山核电项目 1 号机组开工，是全球在建单机容量最大的核电机组。

2010 年

7 月 30 日，防城港核电站 1 号机组正式开工。

9 月 5 日，中共中央总书记胡锦涛视察大亚湾核电基地，要求中广核广大干部员工把握有利时机，依靠科技创新，加快发展步伐，尤其要把安全放在首位，为促进我国经济社会可持续发展做出新的更大贡献。

9 月 5 日，国家副主席习近平视察宁德核电站，寄望中广核的工程建设者再接再厉、艰苦拼搏，争取早日建成具有标志性意义和历史意义的宁德核电项目，造福福建人民。

10 月，北京广利核系统工程有限公司成功研发我国首个具有自主知识产权的核级仪控系统“和睦系统”，标志着我国成为全球第四个掌握此项核心技术的国家。

11 月 5 日，中广核完成美亚电力有限公司并购，国际化发展迈出实质性步伐。

2011 年

6 月 23 日，中广核核技术应用有限公司成立，正式进入非动力核技术领域。

8 月 7 日，岭澳核电站二期工程全面建成投产，标志着我国核电全面实现了“自主设计、自主建设、自主制造、自主运营”。

2011 年 11 月 21 日，维奥集团被收购后更名为中广核矿业（HK01164）。

2012 年

5 月，中广核铀业发展有限公司收购纳米比亚湖山铀矿，是我国在非洲最大的实业投资项目。

8 月 3 日，中广核核电运营有限公司成立，是核电专业化、集约化、标准化运营平台。

2013 年

3 月 25 日，国务院国有资产监督管理委员会批准中国广东核电集团有限公司更名为中国广核集团有限公司。

4 月 18 日，纳米比亚湖山铀矿开工建设。

4 月 15 日，宁德核电站 1 号机组商运，成为我国海西西岸地区首台投产的核电机组。

6 月 7 日，红沿河核电站 1 号机组商运，成为我国东北地区首台投产的核电机组。

6 月 28 日，中国广东核电集团核电学院更名为中广核大学。同日成立中广核党校，与中广核大学一体化运作。

12 月 19 日，中广核股权结构调整为国务院国有资产监督管理委员会持股 90%、广东省持股 10%，为中广核的进一步发展创造了有利条件。

2014 年

3 月 25 日，阳江核电站 1 号机组商运。

3 月 26 日，在国家主席习近平与法国总统奥朗德的共同见证下，中广核与法国电力公司在法国巴黎签署了双方关于英国新建核电项目工业合作协议和关于核能领域研发、设计、采购及运维合作协议的联合声明。

8 月 12 日，中广核发布了企业文化共识，把“安全第一、质量第一、追求卓越”作为企业文化的基本原则，“一次把事情做好”作为核心价值观。

6 月 30 日，中广核欧洲能源公司在巴黎成立，负责欧洲新能源开发。

8 月 22 日，“华龙一号”总体技术方案通过国家能源局组织召开的专家审查会审查，标志着我国自主三代核电技术研发成功。

10 月 3 日，中国广核新能源控股公司（HK01811）在香港联交所上市，成为中广核非核清洁能源的上市平台。

12 月 10 日，中国广核电力股份有限公司（HK01816）在香港联交所上市，成为全球唯一单一经营核能发电的上市公司。

2015 年

2 月 3 日，中广核资本控股有限公司成立，是产融结合发展的平台。

10 月 21 日，在国家主席习近平与英国首相卡梅伦的见证下，中广核与法国电力公司签订英国新建核电项目投资协议。

10 月 21 日，通用核能国际有限公司在英国伦敦成立，成为推进我国核电产业参与英国核电项目的重要平台。

12 月 14 日，中广核和哈萨克斯坦国家原子能工业公司签署商业协议，合资建设中哈核燃料组件厂，正式进入核燃料组件加工领域。

12 月 24 日，“华龙一号”示范项目防城港二期工程正式开工。

12 月 30 日，国家发改委同意中广核申报的 ACPR50S

海洋核动力平台纳入能源科技创新“十三五”规划。

2016 年

1 月 1 日，防城港核电站 1 号机组商运，成为我国西部地区首座投产的核电机组。

1 月 22 日，华龙国际核电技术有限公司成立，“华龙一号”三代核电技术协同发展进入新阶段。

3 月 23 日，中广核完成了马来西亚埃德拉公司并购，成为我国在海外气电装机容量最大的能源企业。

3 月 30 日，在国家主席习近平与捷克共和国总统米洛什·泽曼的见证下，中广核与捷克能源集团签署《关于在核能及可再生能源领域全面合作的谅解备忘录》。

9 月 7 日，中广核江苏如东海上风电项目正式投入运营，这是我国首个符合“双十标准”的海上风电项目。

9 月 29 日，中广核与法国电力公司在伦敦正式签署英国新建核电项目一揽子合作协议，与英国政府同步签署欣克利角 C 核电项目收入及投资保障等政府性协议，开始在英国建设核电项目。

12 月 30 日，湖山铀矿成功生产出第一桶八氧化三铀产品。

2017 年

2 月 27 日，中广核核技术发展股份有限公司（SZ000881）在深圳证券交易所重组上市，是中广核首家 A 股上市平台。

6 月 8 日，国家主席习近平参观 2017 阿斯塔纳世博会中国馆，并向哈萨克斯坦总统纳扎尔巴耶夫推介我国自主三代核电技术“华龙一号”。

10 月 27 日，纳米比亚湖山铀矿首批铀产品运往国内转化厂，进一步增强我国天然铀保障能力。

2018 年

1 月 9 日，国家主席习近平与来访的法国总统马克龙，在北京共同为台山核电 1 号机组成为 EPR 三代核电技术全球首堆工程揭牌。

1 月 31 日，中国广核能源国际控股有限公司正式成立，统筹负责海外新能源开发。

4 月 26 日，中广核被国务院国有资产监督管理委员会正式确定为落实董事会职权试点单位。

6 月 6 日，贺禹董事长被中国企业联合会、中国企业管理科学基金会联合授予中国企业管理最高奖“袁宝华企业管理金奖”。

8 月 3 日，中广核核电运营有限公司、中广核研究院有限公司、核技术三家被国务院国资委确定为“双百行动”企业。

10 月 10 日，中广核德令哈 50 兆瓦光热示范项目正式投运，这是我国首个大型商业化光热示范电站，我国成为全球第 8 个掌握大规模光热技术的国家。

12 月 4 日，欣克利角 C 核电项目浇筑核岛第一罐混凝